带着指南回大明

姜旭南　邢群麟／著

文化发展出版社
Cultural Development Press
·北京·

图书在版编目（CIP）数据

带着指南回大明 / 姜旭南，邢群麟著 . — 北京：
文化发展出版社，2025. 2. — ISBN 978-7-5142-4568-4

Ⅰ . K248.09

中国国家版本馆 CIP 数据核字第 2024T3W065 号

带着指南回大明

著　　者：姜旭南　邢群麟

责任编辑：肖润征　杨嘉媛　　特约编辑：贾　娟
责任印制：杨　骏　　　　　　　责任校对：岳智勇　马　瑶
图文制作：贾　娟　盛小云　　　封面设计：韩　立
出版发行：文化发展出版社（北京市翠微路 2 号 邮编：100036）
发行电话：010-88275993　　010-88275711
网　　址：www.wenhuafazhan.com
经　　销：全国新华书店
印　　刷：河北松源印刷有限公司

开　　本：720mm×1000mm　1/16
字　　数：190 千字
印　　张：13
版　　次：2025 年 2 月第 1 版
印　　次：2025 年 2 月第 1 次印刷

定　　价：49.80 元
Ｉ Ｓ Ｂ Ｎ：978-7-5142-4568-4

◆ 如有印装质量问题，请电话联系：010-58815874

明朝是中国历史上一个重要的朝代。明朝前期，朝廷对人的思想管控很严，举国上下弥漫着恐怖的政治气息，人们行事循规蹈矩。到了中后期，政治松动，商品经济迅速发展，朝廷对人们思想的管控越来越松弛，整个明朝展现出一种"万类霜天竞自由"的气象。特别是明朝晚期，人们纵情享乐，尽情展现自我价值。史学家嵇文甫先生曾说："晚明时代，是一个动荡的时代，是一个斑驳陆离的过渡时代。照耀着这个时代的，不是一轮赫然当空的太阳，而是许多道光彩纷披的明霞。你尽可以说它'杂'，却决不能说它'庸'；尽可以说它'嚣张'，却决不能说它'死板'；尽可以说它是'乱世之音'，却决不能说它是'衰世之音'。它把一个旧时代送终，却又使新时代开始。它在超现实主义的云雾中，透露出现实主义的曙光。"

明朝中晚期，出现了很多大都会，张瀚在《松窗梦语》中说嘉靖时期："今天下财货聚于京师，而半产于东南……余尝数游燕中，睹百货充溢，宝藏丰盈，服御鲜华，器用精巧，宫室壮丽，此皆百工所呈能而献技，巨室所罗致而取盈。盖四方之货，不产于燕，而毕聚于燕。"北京作为大明帝都，四方货物集于此处，群宝荟萃为一时之盛。

南京时称金陵，是朱元璋的开基之地，"北跨中原，瓜连数省，五方辐辏，万国灌输。三服之官，内给尚方，衣履天下，南北商贾争赴"。南京最热闹的当数秦淮河畔，《五杂俎》中记载："金陵、秦淮一带，夹岸楼阁，中流箫鼓，日夜不绝。"上有天堂，下有苏杭。明朝中后期的苏杭相当繁华，风物闲美，物宝天华。苏州人不仅在鉴赏古玩字画方面有独到之处，更引领了时尚潮流。一些新鲜的物品及其样式，被称为"苏样"，一些独特的生活方式被称为"苏意"，人们追求时髦，往往"无事不苏"。

随着商品经济的发展，社会风气的开放，女子也多了生活的选择。不同于以往女子在家相夫教子，明朝中后期的女子拥有更多自由，她们除了出游，还可以通过看小说、戏曲打发时间。

女子逐渐穿着大胆，不遗余力地追求时髦与个性，努力挣脱深闺的束缚，尽情挥洒自己的美好年华。男子也被卷入追赶时尚的浪潮，以前只有儒士可以戴方巾，但是《坚瓠集》中记载，明末"满城文运转，遍地是方巾"。

明朝中晚期，人们的思想审美都较之前发生了很大的改变，人性张扬，一革明前期沉闷的风气，变得鲜活生动，绽放出极致的绚烂。

在明朝人纵情声色的同时，金人的铁蹄正逐渐南下，国事维艰。他们对物欲的享受，对生活品质的追求又可以解释为排解心中苦闷和坚守个人气节。

过往烟云都化为历史的尘埃被尘封，理性清醒的人早已奔赴下一王朝，迎接新的生机，只有情深者还如莲花一般陷在旧朝的泥潭里，竟自绽放。

目录

CONTENTS

第一章

谋生无奈日奔驰：
落地大明，如何养活自己

想去炒房？小心误入歧途

嘉靖四十年（1561年），名臣胡宗宪在杭州建成了一座大型复古建筑，名为镇海楼。完工之后，胡宗宪邀请大才子徐渭为其作记。徐渭豪笔一挥，一篇流传后世的《镇海楼记》就出炉了。胡宗宪很满意，于是送给徐渭润笔费二百二十两银子，让他去置办一套秀才庐，这样就能免受寄居之苦了。

徐渭怦然心动，领受了这笔稿酬，然后耗尽自己的全部积蓄，买了一座城郊别墅，名为酬字堂。在《酬字堂记》中，徐谓较为详细地介绍了买房的经过：

镇海楼成，少保公进渭曰："是当记，子为我草。"草成以进，公赏之，曰："闻子久侨矣，趣召掌计廪银之两百有二十，为秀才庐。"……持归，尽橐中卖文物如公数，买城南东地十亩，有屋二十有二间，小池二，以鱼以荷。

徐渭得了胡宗宪的酬劳二百二十两银子，自己又酬得银两"如公数"，也是二百二十两，总计四百四十两。根据丘光明的《中国历代度量衡考》中的考证，明朝一石米一百六十斤。一百六十斤米卖八钱银子，则一斤米可卖五文。假如现在一斤普通大米卖两块钱，则一钱银子的购买力相当于四十元人民币，一两银子就相当于四百元人民币。徐渭花了四百四十两银子，约折合人民币十七万六千元，竟然能买到占地十亩、房屋二十余间、景观优美的庄园大宅，实在是令人羡慕。

由此可见，明朝的房价实在是不算高。那么明朝人为什么不热衷于炒房呢？最主要的原因在于朝廷对房价的宏观调控。首先是进行房屋限购，依《大明律例》："凡有司官吏，不得于见任处所置买田宅。违者笞五十，解任，田宅入官。"意思是，倘若有官员在工作地违规买房，最终的下场就是官位、房子都不保，而且还得挨板子。在这种法律约束下，谁敢明目张胆地挑衅法律呢？

官员们的买房需求被朝廷给按下去了，那房产市场前景就黯淡了一大片。而民间百姓哪里又买得起大宅子呢？当时的农村人也不会热衷于在城里买房。明朝万历年间的《新昌县志》记载，在当时比较富庶的新昌县乡下，基本上都是仅能遮风挡雨的茅土屋，那些城市里的高堂广厦，即便炒得再厉害，也与他们无缘。新昌县如此，其他地方更不必说。但这些房子像杜甫的茅屋一样，被秋风吹破了怎么办？遇到天灾人祸，房屋被损毁到不能居住的程度，那是不是就只能考虑买房了？

当然不是！明朝各地设有养济院，在一定程度上兼有保障性安置房的功能。《明实录》记载：洪武年间，朱元璋命令南京一众官员，在龙江一带开辟了一块地，盖了两百六十间瓦房，居养那些无屋可住的人。这种举措可以在一定程度上减轻人们的住房压力。不过，这些举措都不能从根本上抑制炒房投机。直接将炒房者的野心浇灭的，乃是明朝的"找房款"制度。

《明史》记载，朝廷明文规定在房屋买卖中，卖方可以"凭中公估，找贴一次"。即使双方已经达成交易，钱货两清，手续交接完成了，只要后来房价涨了，卖方就可以找到买方补差价。假设徐渭花十七万六千买下了酬字堂，过了一段时间，房价涨到了二十七万六千，那么此时卖家就可以根据相应的买卖凭据，要求徐渭补交房款十万。这下子，那些炒房的投机客们直接傻眼了，这不是炒来炒去，结果自己成了被割的韭菜？所以，在明朝炒房是一条走不通的路，不如趁早放弃！

脑洞太大，不如到书坊里码小说

嘉靖、万历年间的熊大木，是明朝书刊发行界的先驱人物，同时也是一位非常善于创作历史演义和英雄传奇小说的民间大神级作家。

有一次，熊大木正在自家书坊工作，正好审校了一本记录南宋名将岳飞事迹的《精忠录》，审校完成之后，他发现这种史书信息量巨大，但是不够接地气，只能供一些有一定古文基础的人来读。

当时，元末明初小说家罗贯中的《三国演义》早已火爆市场，反响强烈。熊大木便琢磨着要将这《精忠录》改编成《三国演义》那样的小说。拿定主意之后，他就开始用白话将《精忠录》演义了一遍，又融入岳飞将军的奏章、书信等史料，还吸取了关于岳飞的各种传说、戏曲，终于出炉了一本《大宋中兴通俗演义》，该书一经出版就风靡一时，可想而知，熊大木和书坊肯定赚了个盆满钵满。

也许有人会说，这是大神级别的操作，普通人哪里能望其项背？其实也不必过于妄自菲薄，熊大木所作的通俗演义系列，文学造诣上与罗贯中老前辈有云泥之别，写作手法上有些铺陈杂乱，情节也有注水的意味。可是，这种类型的小说在题材上有开创之功、奠基之效。这些书不够文采飞扬，但是老百姓图新鲜易读，一时间争相购买，连嘉靖帝都看过熊大木的《大宋中兴通俗演义》，可以说，当时的书坊圈已经刮起了一阵通俗小说和演义的旋风。

既然市场这么火爆，那么书坊当务之急就是寻找一批头脑灵活的高质量作者团队。熊大木本人就是作者团队的重要一员。他出身于福建建阳的一个有名的刻书世家，从小博览群书，知识渊博，思维迅捷。其在《日记故事》的序中透露，他早年是一个私塾先生，后来因为家学渊源，经常受邀为书坊编撰和审校书籍，慢慢地积累起来经验，做成了行业一流。

为了进一步解决稿源问题，书坊的老板们不得不重金求稿。明代凌濛初的

带着指南回大明

《三言》火爆之后，他又编撰了《二拍》，刚刚成书，书坊尚友堂立马去求购此书，一经购得，便将其奉若绝世珍宝。可见优秀小说在明朝的书坊江湖有多吃香。这种热度一直发酵到了清朝，清朝学者金缨在《格言联璧》中说道："卖古书不如卖时文，印时文不如印小说。"由此可见，当时书坊赚钱的诀窍就在于发行小说。

到了明朝末年，通俗小说由书坊主和下层文人的创作圈子扩展到大儒们的研究范围。随着《三国演义》《水浒传》《西游记》《金瓶梅词话》等一系列作品的相继问世，明代李贽、袁宏道等学问大家开始对通俗小说进行相关点评。比如李贽就非常看好《忠义水浒传》（即《水浒传》），他为其作序，称赞此书"有国者不可以不读……贤宰相不可以不读……掌军国之枢，督府专阃外之寄，是又不可以不读也"。李贽认为，一个人一旦读了《水

三国演义·桃园三结义　清　禹之鼎

浒传》，受其感召，就有希望成长为一个忠贞不贰的国之守护者和卫道者，这是《水浒传》忠义思想的内化。

袁宏道则为《西汉演义》作序，强调了演义小说的民间教化作用。袁宏道认为，像《汉书》之类的所谓正史，大多数人都不能理解，或者仅仅是一知半解。但像《西汉演义》这种小说，却让上至七十老翁、下至三尺童子都能随口说出刘邦沛县起兵、项羽不渡乌江、王莽篡位、光武中兴这些史事，而且聊得头头是道、有始有终。由此可见，历史演义小说让那些艰涩难懂的"史实"普遍地在民间散播开来。

从明朝嘉靖年间开始，那些生活窘迫、仕途不畅、头脑活泛的下层文人就迎来了他们的一大机遇，那便是投入市场所广泛追捧的通俗小说的创作中去。比如《西游记》的作者吴承恩就是个落魄文人，他头脑机敏，博览群书，然而屡试不第，只能卖文为生。他后来好不容易得了个地方小官，却被人诬告，心灰意冷下辞官归乡，潜心写书，终于在晚年写出了传世名著《西游记》。

吴承恩命途多舛，然而又算得上是时代的幸运儿。若他生在明初洪武年间，恐怕再好的作品也只能有价无市，卖通俗小说之文为生可能也只是奢求。明代董含在《三冈识略》中描述了洪武年间朝廷对通俗文艺的打压，当时有一则榜文是这么说的：

> 在京军民人等，但有学唱的，割了舌头；媚优演剧，除神仙、义夫、节妇、孝子、顺孙，劝人为善，及欢乐、太平不禁外，如有亵渎帝王圣贤，法司拿究。

可见当时文艺审查之严苛，假如《西游记》诞生在那个年代，恐怕吴老先生更是要叹一句"时也、命也"了吧！好在时代已经完全敞开了对非正统演义作品的大门，那时候百花齐放，书坊中各类演义小说竞争鸣。而那些脑洞大开的俗世文人，也迎来了他们最好的时代。

不想奋斗？了解一下明朝的赘婿制度

明朝虽然是男权社会，但也存在着一种特殊的婚姻，即入赘婚。入赘的男子有一个统称——赘婿。有的人认为，女方家中一般比较有钱，男子入赘到女方家中，成为岳父、岳母名义上的儿子，除了面子上有点挂不住，其他都还好。如果男子不想奋斗了，就可以委屈自己，成为赘婿，安享富贵。然而，事实真的如此吗？

明朝的入赘主要有未婚女赘婿与寡妇赘夫两种形式。顾名思义，未婚女赘婿是指男性以女婿的身份入赘到岳父家，寡妇赘夫是指男性以继任丈夫的形式入赘到寡妇原来出嫁的家中。

来看一份来自洪武元年的"李仲德入赘文书"：

十都李仲德，年二十九岁，未曾婚娶。有汾士云宅长女蜀娘，未曾出事。今凭亲眷汾元熙为媒，招仲德到汾士云宅为养老婿，随即告禀亲房族长，以蒙先可。今自过门合亲之后，自当侍奉舅姑二尊，及受斡公私户门等事，务在精勤，毋致怠情。二亲存日，决不擅自回家。百年之后，倘要回宗，听从自便。如违，一任经公陈治，仍依此文为用。今恐无凭，立此文书为用者。

洪武元年四月初八日 　　　　　　　　李仲德（花押）　文书

　　　　　　　　　　　　　　　　　族伯　李子奇（花押）

　　　　　　　　　　　　　　　　　族兄　李庆吏（花押）

　　　　　　　　　　　　　　　　　主媒　汾元熙（花押）

从这份文书中，我们可以看到想要招赘婿得先取得族长的同意，毕竟这涉及财产分配、家族祭祀等问题。赘婿入赘到女方家中，需要承担相应的义务。

不仅要侍奉舅姑、负责公私各事，而且"二亲存日，决不擅自回家"。等到双亲亡故，那时候归宗与否，就可以自己做主了。

相较李仲德这种未婚女赘婿的婚姻状态，许天德这种"寡妇赘夫"的婚姻则更为艰辛。万历十三年（1585年），休宁人许天德的入赘文约记载，许天德娶的是谢敦本庄上佃仆的寡妻，要求他"务要小心管雇家务，抚养时子记祖及户门差役，及应付房东工夫，无得推挨，亦不许私自逃回，如违，听自房东告理无词"。意思是，许天德不仅要管家务、抚养继子，还得完成差役和房东安排的任务。

再看一份崇祯十七年（1644年）的胡应凤应主文书：

> 立应主文书人胡应凤，原于先年招赘胡积寿长女初娥为婿，已生一子，名百龄。后因初娥病故，孤子无倚，复娶东菊为妻，经今无异。今因积寿夫妇年老，原凭家主将门坑桥田十八砠半，又大千田七砠，二共计廿五砠半，与应凤作种交租。余田叁亩半，系积寿自作养老。新、老屋房共计六间，厨房一间，内取老屋歇房二间，与应凤夫妇居住各爨各食，两无争竞。其百龄暂在积寿处扶养，待积寿终年，应凤供给无辞。其应主门户，系应凤夫妇承当，倘日后积寿夫妇年老，不能活计，将分下田房家业，俱附应凤承管，养老送终。其田房地业各不许私佃他人，得价妄用。自立之后，不得变乱前议。如违，听凭家主从公理治。存照。其务农家火等件，系积寿处借用。
>
> 崇祯十七年十二月初三日　　　　　　　　立应主文书　胡应凤（押）
>
> 　　中见人　胡七（押）　陈长成（押）　朱时千（押）

胡应凤最初入赘胡积寿家，与胡积寿的长女初娥生了一个儿子名叫百龄。后来初娥去世了，胡应凤又娶了东菊。在这种情况下，胡应凤、东菊和胡积寿夫妇虽然"各爨各食，两无争竞"，百龄也由胡积寿夫妇暂时抚养。但胡应凤曾

溪山雪霁　明　蓝瑛

入赘胡积寿家的事实不会改变，他仍然要经营胡家的田产，为胡积寿夫妇养老送终。

不难看出，选择入赘婚的男子家庭大都比较贫穷，没有能力迎娶新妇。但是也有例外，比如万历年间举人申用嘉入赘浙江乌程县，就是为了使用乌程籍参与科考，躲开激烈竞争的赛道。再比如，有些人为了逃避军役选择入赘等。总之，成为赘婿都有一定程度的"情非得已"。

女方招赘的原因，大多数因为家中无子，希望招赘女婿来延续香火、养老送终。也有一些疼爱女儿的父母，想要女儿承欢膝下而选择招婿的方式。而寡妇招夫一般由于贫贱不能自理或孤儿寡母难以为继，需要招一个男子帮忙维持生计、抚养孩子。

所以，赘婿不仅不能安享富贵，还得勤恳干活。除此之外，他们往往很难得到尊重。东汉文字学家许慎在《说文解字》中解释："赘，以物质钱，从敖、贝。敖者，犹放；贝，当复取之也。"赘有抵押的意思。另一方面，我们不难联想到赘的另一层含义——"多余"。隋唐学者颜师古曾说："谓之'赘婿'者，言其不当出在妻家，亦犹人身体之有疣赘，非应所有也。"可以想象，赘婿的地位有多低。

赘婿往往面临着来自家庭和社会的双重屈辱。在社会层面，部分人不能接受这样的婚姻，比如明朝清江知县秦镛指责这种婚姻"伦理殆灭绝，夷俗真可伤"；在家庭方面，男子"出嫁从妻"。这在男权社会，自然没什么体面可言。有些家庭看不上赘婿，对其任意辱骂，甚至怂恿女儿休夫。《大明律》对于赘婿的这种遭遇，则有一定程度的保障："凡逐婿嫁女或再招婿者，杖一百。其女不坐。男家知而娶者，同罪。不知者，亦不坐。其女断付前夫，出居完聚。"另外，赘婿难以尽孝于自己的父母前，这对他们来说也存在一定程度的遗憾。

当然事在人为，凡事都有例外，也并非所有的赘婿都面临这些悲惨的处境。有些赘婿的处境比较好，不仅能与岳父、岳母和谐相处，还能享受岳父、岳母所给予的儿子般的待遇。更有通情达理的岳父、岳母体谅女婿不能侍奉双亲的痛苦，支持女婿赡养父母。但这毕竟都是少数。

赘婿制度从根本上维护的还是女方家庭的利益，更为直接的说法是维护着女方宗族和封建宗法的利益。我们从《大明令》可以看出：

凡招婿，须凭媒妁，明立婚书，开写养老或出舍年限。止有一子者，不许出赘。如招养老女婿者，仍立同宗应继者一人，承奉祭祀，家产均分。

也就是说，要招赘婿的家庭，嫁娶要凭借媒妁、签订婚书，并且在婚书上写明入赘的年限。如果家中只有一个儿子，则不允许出赘。如果招养老女婿，就要在同宗挑选一个继承人，承担祭祀的责任，平分家产。

我们在同情赘婿的同时，也要看出赘婿制度是宗法制的产物，做赘婿只是当时社会上极其一小部分男子的选择。看来，男人要想过得好，还是得努力奋斗呀！

免费收容所、"存问高年"和社会优抚，这些福利千万别错过

明太祖朱元璋出身寒微，从小见多了民间疾苦，当了皇帝之后就比较关心下层民众的生存问题。根据明代谈迁在《国榷》一书中的记载，朱元璋曾向中书省下达了一则手谕，表明自己早年间目睹民间有许多孤寡老人，饱受饥寒，"困于道路"，常常因走投无路而不愿苟活。他心中恻然，认为天下"民有一失所"，就是违背了他的初心。因而郡县长官要多加留意，主动访求那些无依无靠的百姓，给予他们保障性的衣食和住所。

竹林品古图　明　仇英

后来，朱元璋颁布了明确的救济条例"鳏寡孤独废疾不能自养者，官为存恤"，并且在各地设立养济院，集养老、育婴、丧葬功能于一体。根据《大明律》的规定，凡是达到收容标准，而所在地方的官府不收养的，负责人要被杖责六十。所以这种社会福利在民间的落实是有一定法律保障的。根据《明实录》的记载，明初户部条例明确规定了抚恤的规格："大口十五岁以上，月支米三斗，柴三十斤，岁支冬夏布各三丈。小口十四岁以下至五岁，月支米二斗，柴三十斤，岁支冬夏布各三丈。"这则条例成为后来各地方官署抚恤孤老残疾之人的依据。

一般来说，养济院只负责收养当地的孤老残疾之人，对于外来的流民乞丐，往往只能做到"给口粮程送还乡"。但是对于外来的"笃废残疾"之人，遣送回家显得太不人性化，只能另想他法。于是到了嘉靖朝，朝廷将京城的蜡烛、旛竿二寺作为收容机构，接收这些残病傍身的外地流民，每日施以粥饭，基本做到了内外兼顾。

明朝在养老制度方面也颇有建树。朱元璋提倡以孝治天下，曾亲自下诏让有司存恤慰问高龄的老人家。根据明代王圻的《续文献通考》记载，朱元璋下诏："贫民年八十以上，月给米五斗，酒三斗，肉五斤；九十以上，岁加帛一匹，絮一斤……"同时又规定："民年七十以上者，许令一子侍养，免其差役。"

在养老制度实行的过程中，又有很多灵活的变通。比如《明实录》记载了这样一件事：洪武四年（1371年），河南府知府徐麟因老母居住在蕲州府广济县，上书请求辞官归家照顾老母。朱元璋没有同意他的请辞，而是直接将其调任蕲州府知府，与原来平级，但是却能时常归家看望母亲。此人自然感恩不已。如果官员实在无法抽调到家乡任职，不能侍奉父母，朝廷就会准许这些官员将俸禄一分为二，一部分自给，另一部分由家乡的相关部门发给其父母，以供其生计。这番人性化的政策，倒是颇为体贴。

考量一个朝代社会福利的好坏，社会优抚的程度也是一个重要的标准。在明朝担任军职的人员，往往享有一些特殊的优抚待遇。根据明代邓世龙编写的《国朝典故》，明初军职人员的优抚待遇，大略如下：

军职人员若因疾病故，有子年十五以上，通过比武试艺，合格者可赐予官职。也就是被给予了优先选拔权；老而无子的武将，退休后依然给予全部的俸禄；英年早逝而妻子守寡的，每个月给家中发俸二石；孩子有残疾不能承袭其官职的，每个月给俸三石。若父亲亡故十年内有子，其子仍可承袭祖职；家中只有孤女的武将，朝廷对孤女进行优养，每月给俸五石，直到其长到十五岁；武将亡故，家中子弟年幼未承袭其职的，实行优给政策，亦给其全俸。在任上犯罪、羁押期间亡故的，子弟每月只能领取一半的抚恤金……

由此可见，明朝初期对军职人员的善后和优待工作，做得还是比较到位的。那些在前线拼杀的武将，也就少了后顾之忧。不过朝廷的安抚对那些小士卒来说却是极其有限的，最主要的还是对武将的照顾。对于那些无名小卒来说，只有通过建立军功获得提拔，才能真正享受到这种优抚和保障，这乃是不折不扣的"刀头上的荣耀"。

第二章

烟火人间：

显微镜下的明朝市井生活

想回家过个年，太难了

嘉靖四十五年十二月十四日（1567 年 1 月 23 日），嘉靖帝驾崩于乾清宫。当时的前户部主事海瑞，还在黑暗的大牢里思考人生。之前他因为抬棺上书，触怒了嘉靖帝，虽免一死，但被投入大狱，前途未定。太子朱载垕继位后，立即下诏："释户部主事海瑞于狱中。"此时已经是十二月十五日，获释后的海瑞一心想着回老家海南过年。然而，他却面临着颇为苦恼的现实问题。

京城距海瑞的家乡琼山有八千多里陆路，最后还要换乘水路。即刻启程的话，约两个月可以回到家乡。可是那时春节早就过完了。当然，其中也有路费的问题。按照当时的春运交通标准，两个月舟车劳顿，大概需要二十两银子，这还只是单程票而已。海瑞清廉如斯，耗费自己一年的俸禄，也只能"有去无回"，无奈只能作罢。而且海瑞本身公务繁忙，完全耗不起时间。直到 1570 年，海瑞五十八岁时，因受人排挤，辞官隐退，才回到了海南琼山老家。当时他直接花了一百二十两银子，在老家买了一处宅子，惊动了乡里。其实多年的路费节省下来，也差不多能买得起一所宅子了。

明朝大多数地方官，都有春节回家难的问题，而这些人又有比较迫切的回家需求。明朝官员有比较严苛的任职回避制度，首先是籍贯回避，洪武年间制定了"南北更调法"，导致随处可见的"北人南官、南人北官"现象；其次是亲族回避，倘若亲族中同时有人担任京官和科道官的，或者在有从属关系的部门内担任上下级时，必须进行相应的人员改调。如此自然可以有效监察官员，防止贪腐，然而这也导致了官员们归乡路遥远，而在当地又举目无亲。到了春节，尽管他们甚想回乡，却也多是如海瑞一般有心无力。而且，明朝官员还不能在自己的工作地买房，到了春节，居住在人烟稀少的官舍，想必会更加思乡心切吧！

因而像海瑞一样，官员们春节回家最痛快的做法就是"告老还乡"。明朝内阁首辅大臣李东阳曾在文中记载，他有一位老朋友徐浦，在春节前夕告老还乡，从腊月伊始出发，到除夕前两天才到家，一脚踏进家门，七十三岁的退休官员老泪纵横，又其心甚慰。对大多数传统文人来说，"埋骨还须桑梓地"，只有在自己的家乡，才有最美夕阳红。

不过，万历年间的内阁首辅王锡爵，有一次倒是在春节前赶回了苏州老家。本来打算开开心心地前往松江省亲，结果一趟下来一点儿不省心。原来王锡爵所雇的大船，在松江码头遇到了交通堵塞。码头上船挨着船，难以疏通，王锡爵一行人被堵得严严实实，竟被困了一天一夜，最后是饥肠辘辘、疲惫不堪。无奈之下，王锡爵只能公权私用，写了一封介绍信，让仆人搭乘一条勉强成行的小船，找到松江县的地方官求援，才得以脱离堵塞。

岁朝图　明　边文进
此画作于宣宗宣德二年（1427 年）正月。除旧布新之时，以岁朝时节摆设厅堂的瓶插来表现庆贺新春之意。

由此可见，即使外地为官者好不容易在节前赶回家，也免不了受到春运问题的困扰。显贵之家如此，对于平民就更不必说了。不过，只要能够顺利归乡，其他的一切终将会成为有趣的插曲与回忆。

茶余饭后，闲来听说唱

俏冤家，请坐下，拜你几拜。千叮咛，万嘱付，我的乖乖。在人前休把风月卖，如今人眼孔浅，莫讨他看出来。若看出了你这虚脾也，连我也没光采。

此小令题为《叮嘱》，出自明代冯梦龙所编撰的民歌《挂枝儿》，从中可以一窥明朝痴男怨女和升斗小民的心境。其中的主人公说话直来直去，又句句发自肺腑，感情强烈，作为说唱曲词是再合适不过的了。明代文学家沈德符在《万历野获编》中记载，《挂枝儿》深受明朝市井百姓的欢迎，其曲"不问南北，不问男女，不问老幼良贱，人人习之，亦人人喜听之，以至刊布成帙，举世传诵，沁入心腑"。这种不登大雅之堂的靡靡之音，反而在当时火遍了大江南北。

长久以来，有关音乐的各项活动在中国都是一种高雅神圣之事，为此生出了许多典故，比如"子闻韶乐""高山流水""曲高和寡"等。浅酌低吟，委婉而不露骨的风雅词曲成为人们品评的对象。这些多为官员贵族所好，而大多数平民喜爱的曲调，通常不在此流。明朝中后期，类似《挂枝儿》这样的俗曲广泛流行，这种情感奔放、表达直白的唱情曲艺，抓住了老百姓的胃口。因而有学者认为，在这个时期，我国曲艺开始走向了"世俗主义"和"人文主义"，它们在短期内疯狂传播，并且维持着经久不衰的生命力。

明末清初的柳敬亭，乃是一代说唱大家、评话艺术的开山鼻祖，一生说书六十余载。清代学者余怀的《板桥杂记》记载，柳敬亭原姓曹，名永昌，其貌不扬，人称"柳麻子"，早年为避仇流落江湖，逃难至盱眙城（今江苏淮安盱眙县），偶尔听人说书，便也依葫芦画瓢，在闹市讲了起来，没想到竟然效果出奇好，使得人们纷纷前来收听。后来他渡江南下，改名柳敬亭，成为著名的评话表演艺术家。请他说书一回，定价一两银子，并且要提前十天预约。即便如此，雇主还往往会落个空，可见当时他有多火。

明末清初散文家张岱在《陶庵梦忆》中，把柳敬亭的精湛表演刻画得淋漓尽致。当初他好不容易听到了柳敬亭的一出《景阳冈武松打虎》，发现说得与原书风格大异，"其描写刻画，微入毫发，然又找截干净，并不唠叨。勃夬声如巨钟，说至筋节处，叱咤叫喊，汹汹崩屋"。柳敬亭虽然貌丑，然而说书时却"疾徐轻重，吞吐抑扬，入情入理，入筋入骨"，口技之精，怕是要让其他说书人惭愧得咬舌自尽了。

树下停阮图　明　吴湘

民间说唱的表演艺人往往是社会底层人士。后来成名的柳敬亭，也是在落难无助时，以说书来谋生而已。因而大多数说唱，也都是面向市井的民间卖艺活动。老百姓茶余饭后，可聊以消遣。当时民间还有一众盲人说唱家，颇善弹词鼓琴。明代顾起元在《客座赘语》中记载，"瞽妪最知音"，其说唱多随主顾的要求来进行，"其辞至数千言，有雅有俗，有贞有淫"，可见这些民间艺人往往能够驾驭多种风格的曲词。

明朝说唱艺人的表演之所以能够深入市井俘获人心，与他们出身寒微，了解市井众生的通俗口味息息相关。从一定程度上来说，说唱就是为平民百姓量身制作的娱乐消遣。同时，这些社会底层的卑微艺人们，凭自己的勤恳和奋斗练就一技之长，以此作为职业准入来养家糊口，不也是芸芸众生最真实而又励志的生存轨迹吗？怎么能不引起人们的共鸣呢？

卖萌、耍猴、走索：凭"本事"吃饭的卖艺人

何为江湖？有人说，江湖就是三教九流、龙蛇混杂之地，每个人在江湖中都是一叶孤舟，只能根据自己的江湖定位，谋一吃穿用度。很多情况下，人们只能随波逐流、身不由己。也有人说，在江湖中，每个人都在炫自己的技，培育自己独一无二的特殊性。那些绿林山寨、镖行漕帮、打把势卖艺、撂地说相声、卖膏药、卖大力丸的，都是江湖中人。

比之那些卖狗皮膏药的精明小贩、利用差价赚钱的投机倒爷、依靠民间势力发展起来的镖局漕帮，古代那些街头艺人就显得滑稽有趣，同时也被人们看作是末流之业。然而，卖艺也是凭本事和胆量吃饭，走钢丝、耍猴儿、胸口碎大石，真功夫必少不了。再者，也有专门靠卖萌、秀逗来博人一笑，姑且将其视作低配版的小品和相声。而在明朝中后期的市井江湖中，商品经济高度活跃，又涌现出一批思想文化狂人求脱拘束，这江湖卖艺之事，自然也是水涨船高了。

万历年间的张献翼可谓当时的"第一行为艺术家"。明代郑仲夔的笔记小说《耳新》记载，这位先生经常身着奇装异服，热衷于角色扮演，还公然约了一群朋友光脚丫去大街上"卖艺行乞"。此人一出门，就会随身携带五种颜色的备用假须。心情阳光灿烂，就换上红胡须；心境凄凉似雪，就换上白胡须。还穿着大花衣裳、戴着大红方巾招摇过市，不是引吭高歌翩翩起舞，就是失声痛哭。人称其有"犬马之性"，超然于世俗礼法之外。不过，这张献翼还真的挺有商业头脑，他依靠行为艺术闻名周边后，就开始公开"卖艺"。每天，他会让家人在门口放几个牌子，作为节目预告。牌子上有时候写"卖浆"，有时候写"卖舞"，

还会写"卖侠""卖痴"等许多奇奇怪怪的玩意儿。围观的人见了，往往捧腹不已。

当然，像张献翼这种文化狂人的高级"卖艺"，普通人可模仿不来。毕竟人家著作等身，即使行为诡异，也会被认为是有"犬马之性"的艺术鬼才，一般的卖艺人，还是得踏踏实实地要猴、走索，全靠技艺和吆喝赚钱了。

明代田艺蘅《留青日札》记载，当时民间早已流传"沐猴斗狗"之戏。所谓"沐猴斗狗"，就是让猴子骑在狗身上玩耍，往往会让观看者忍俊不禁。在《西游记》第二十八回中，吴承恩写有一小猴被人猎去，那人教他"跳圈做戏，翻筋斗，竖蜻蜓，当街上筛锣擂鼓，无所不为的玩耍"，这也是明朝要猴人的一般把式。

明代刘玉《已疟编》记载，宰相胡惟庸家豢养了数十只猴子，衣冠如人。胡惟庸家中还有专门的驯猴人，驯猴人教会猴子们吹笛子，而且音律皆通。每逢有客人来，胡惟庸就让这群猢狲供茶行酒，作揖跪拜。它们还能吹笛奏乐、手持红斧进行舞蹈表演。人们都称赞这群猴子为"孙慧郎"。后来，胡惟庸以"谋不轨"罪被杀，不知道那些"孙慧郎"们和家中的驯猴人，是否也被作为逆党清算了。可见入府卖艺也有一定的风险，选好主家颇为重要。

走索，即在悬空的长绳上行走，并做出各种惊险的动作，这也是明朝民间卖艺的常见形式。明代诗人朱朴有《走索》诗云：

> 绒索为桥跨彩虹，步从平地上虚空。
> 绣鞋半湿花梢露，罗袂轻杨柳面风。
> 神女踏波行洛浦，素娥辞月下蟾宫。
> 更怜玉臂垂双翼，仿佛青鸾舞镜中。

根据诗中的描写，这种走索绝技举重若轻，艺人不仅可以在绳索上行走如

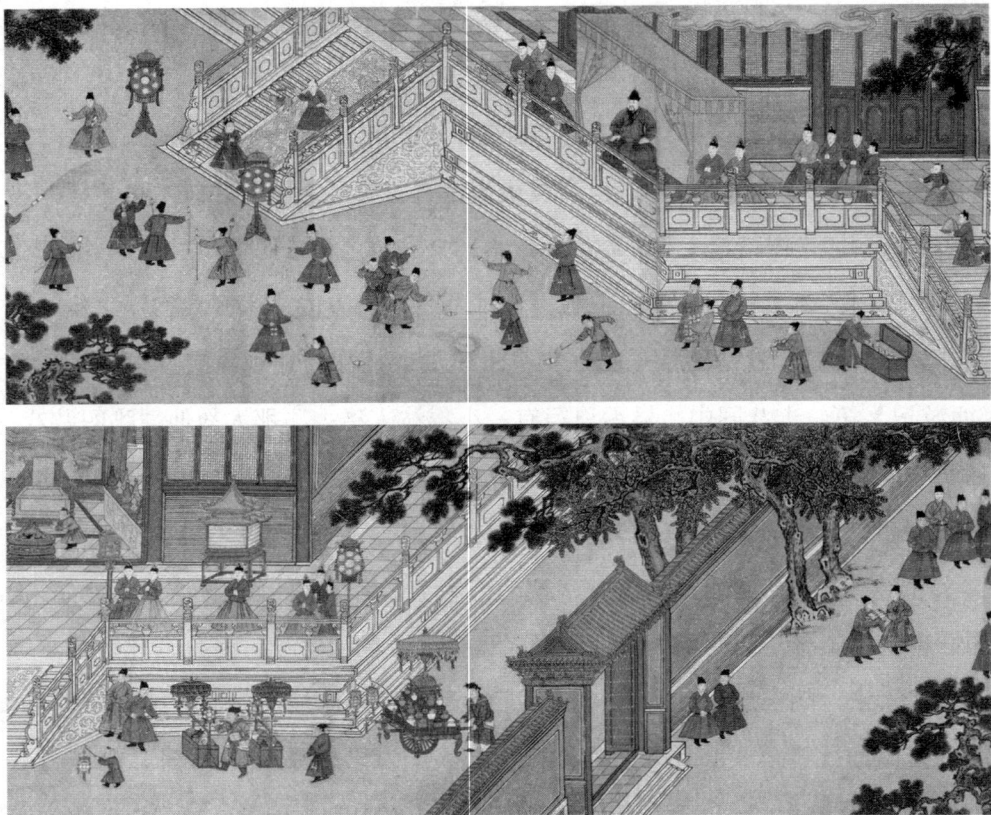

明宪宗元宵行乐图卷（局部） 明　无名氏

飞，还能做出倒挂金钩等高难度动作，身段之轻盈矫捷，甚至可与小说中的轻功一较高下。

为了营造惊险刺激的氛围，走索表演还有一些事先安排好的暖场"托儿"，在明代王圻所作的图录类书《三才图会》中，就有一幅《走索图》记录了当时的表演实况：一位女性表演者悬于高空绳索之上，下面有一男子，表情惊惧，担心表演者掉落下来，于是举起双臂欲接住表演者，四周的观众都惊心不已。可见这出走索表演的节目效果是达到了，不知道表演结束，艺人安全下索，松了口气的观众会不会多给几个铜板的赏钱呢？

除了耍猴、走索，明朝靠真本事卖艺的行当还真不少，明代田汝成《西湖

　带着指南回大明

游览志余》记载，杭州苏堤一带"走索、骠骑、飞钱、抛钹、踢木、撒沙、吞刀、吐火、跃圈、筋斗、舞盘及诸色禽虫之戏，纷然丛集"。所谓"三百六十行，行行出状元"，凭自己刻苦习来的傍身绝技卖艺讨生活，不丢人。

混堂沐浴那些事儿

在明朝，人们想要洗澡，除了在家盆浴，也能去澡堂。明代郎瑛在《七修类稿》中记载：

> 吴俗，甃大石为池，穿幕以砖，后为巨釜，令与池通，辘轳引水，穴壁而贮焉。一人专执爨，池水相吞，遂成沸汤，名曰混堂，榜其门则曰香水。男子被不洁者、肤垢腻者、负贩屠沽者、疡者、疕者，纳一钱于主人，皆得入澡焉。

混堂是由大石头和砖垒筑成池子，后面有一个大釜，大釜和池子相通，用辘轳引水，这样釜中烧热的水就可以源源不断地流入池中，池水相吞就变成了沸汤，所以称为"混堂"。门上写着"香水"，所以又被称为"香水混堂"。混堂收费低廉，身上有污垢的各色人等都可以进入沐浴。

郎瑛还说道："混堂，天下有之，杭（今浙江杭州）最下焉。"可以想见，这种商业性的澡堂遍布大明各地。郎瑛说杭州八字桥，"东有浴肆，夜半即有汤"。可见，澡堂也有营业到深夜或者通宵营业的。

南京有一处澡堂叫"瓮堂"，位于南京中华门外的悦来巷子里，相传始建于明初。瓮堂因形状像一个倒扣的瓮而得名，采用的原理和混堂类似。关于瓮堂的由来有两种说法：一种是朱元璋为修南京城的工人准备的。工人们修筑城墙整天大汗淋漓，又生疥疮，朱元璋采纳刘伯温的建议，在此修建一个大型的澡堂解决工人们的洗澡问题；一种是明初外国使节入大报恩寺祭拜，要先沐浴净身，所以在寺庙附近修建了瓮堂。

《万历野获编》记载了沈惟敬沐浴之事："日必再浴，不设浴锅，但置密室，高设木格，人坐上，其下炽火沸汤蒸之，肌热垢浮，令童子擦去，然后以水从顶灌之，大抵其好洁如此。"设木格，底下有沸汤煮，这样身上的污垢就能浮出来，童子帮助擦拭后，再用水冲洗一遍身体，这就是大明版的汗蒸房啊。

明朝宫廷中还设有混堂司，专门负责宫中沐浴之事。混堂司与钟鼓司、惜薪司、宝钞司并称为宦官官署的"四司"，可见明朝宫廷对沐浴的重视。

明代沈周曾作了一首《混堂》，记述了不同人到混堂的不同心理：

> 混堂鸣板日初红，怀垢人人向此中。
> 君子欲修除祓事，小夫翻习裸裎风。
> 未能洁已嗟先乱，亦复随波惜众同。
> 惭德应多汗难濯，不容便论水无功。

在混堂泡澡，有时候也会出现社交名场面。明代朱国桢在《涌幢小品》中记载，泰和人郭中允，小时候和一个年长的人在水池中泡澡。突然，一只乌龟浮出水面，长者出了一个上联："龟浮水上分开绿。"郭中允回对："鹤立松梢点破青。"长者认为郭中允前途不可限量，就把女儿嫁给了他。看吧，有才华，哪里都有施展的空间。

第三章

人在江湖，如何识别三教九流的千般套路

识别江湖骗术，请认准明朝反诈指南《杜骗新书》

在现代，各种诈骗形式层出不穷。在明朝，也有形形色色的诈骗。万历年间，浙江有一个叫张应俞的人写了一本《杜骗新书》，里面囊括了换银骗、引赌骗、婚娶骗、奸情骗、妇人骗、衙役骗、炼丹骗等在内的二十四种骗局，揭秘这些骗局的原理，提醒人们谨防诈骗。明朝的话本小说里也多有骗子的身影。让我们一起走进这些形形色色的骗局，检验一下自己如果作为当事人，是否能摆脱骗子的圈套呢？

话说有一布铺生意很忙，只有一个人看店。对门有户人家养鹅，这些大鹅每天叫，布店店主觉得很烦。

有一天，一个小偷来到店门口，对店主说，我想要偷你对门家的鹅，你帮我做内应，不需要你做什么，只需要回答声"可拿"来掩人耳目，等到鹅叫声停了后，再出来。

对于店主来说，他对养鹅的人家非常痛恨，答应一声就让鹅主有些损失，何乐而不为呢？店主欣然应允了小偷。小偷在外面高叫："我拿去否？"店主在内答应："说定了，任你拿去。"小偷背着一捆青布走了。其他人都以为小偷把布借去了，也没有人阻拦他。发觉上当受骗的店主追悔莫及。

在这个骗局中，骗子单打独斗，将布铺老板骗得团团转。还有的骗子伙同

荷花鸳鸯图　明　陈洪绶

妓女，一同骗别人的钱：

有位富豪之子王获溪，好赌无厌，将家产败光了，只剩下三百两，去妓女李细卿处小憩。一个骗棍用二十两金买通了妓女李细卿，李细卿备筵席邀骗棍和王获溪聚赌。这个骗棍装作富家子弟，斯文有礼，他先送了一份厚礼给李细卿，李细卿巧妙周旋，掷骰时暗将骰子调换，使王获溪连胜三局，骗棍输金百两。骗棍先让王获溪尝到甜头，还假装自己发誓要翻本。王获溪一听，说自己也要加大赌资，每局为百金。妓女这时候又故意将骰子藏起，转手换骰，骗棍赢了，王获溪将三百金全部都输光了。后来，骗棍便借故溜走了。

妓女和骗子合伙作案，骗人钱财，在明朝不算个例。李家瑞《北平风俗类徵·市肆》引严思庵《艳囮二则》，讲述了妓女与帮闲联手组成一个诈骗团伙，巧设骗局，专门坑害他人以谋取财产。

明万历之末，辇下诸公间有闲情花柳者，一时教坊妇女，竞尚容色，投时好以博赏财。后且联布党羽，设局诓骗，妙选姿色出众者一人为"囮"，名曰"打乖儿"。其共事者，男曰"帮闲"，女曰"连手"，必择见影生情操空力办者，与之共事。事成计力分财，而为囮者独得其半。于是构成机巧，变幻百出，不可究诘。

更有甚者，有的胆大的，还会冒充官员行骗。比如在明朝成化年间，有一个大骗子，冒充当时皇帝身边的红人太监汪直，从南京出发，途经芜湖、常州、苏州等地，一路行骗。他每到一地，当地的官员都极尽巴结之能事，不仅好吃好招待，还会送他许多金银财宝，这个骗子因此赚得盆满钵满。

等到假汪直到了福州，镇守太监卢胜发现了其中的猫腻。他发现，此人口口声声称自己是钦差，但是没有任何皇家信物。经过调查才发现，这个汪直是假冒的，他的真名叫杨福。最终，杨福落得个被处死的下场。

明朝的骗行无处不在，明代叶权在《贤博编》中记载了嘉靖年间苏州的市场乱象：

今时市中货物奸伪，两京为甚，此外无过苏州。卖花人挑花一担，灿然可爱，无一枝真者。杨梅用大棕刷弹墨染紫黑色。老母鸡挦毛插长尾，假敦鸡卖之。浒墅货席者，术尤巧。大抵都会往来多客商可欺，如宋时何家楼故事。若吾乡有伪物，行市中一遍，少刻各指之矣。

为什么明朝中后期的骗子这么多呢？这与当时的社会风气脱不开关系。明朝晚期，官场乌烟瘴气，商品经济繁荣，人们纵情享乐，整个社会呈现出一幅大厦将倾前的狂欢景象。强弩之末的明王朝难以“振奋精神”，社会问题层出不穷，再加上商品经济促进了人们思想的解放，追求金钱、崇尚利益成为许多人的首要任务。这时候投机倒把的人出现，空手套白狼，实乃末世乱象。要想在当时的社会不上当受骗，首先其心要正，不被这些奸诈的小人利用。其次，凡事要多留个心眼儿，不可急于下决断。最后，记得买一本《杜骗新书》，做好防骗攻略。若遇到骗子向你行骗的时候，你突然明白这个骗局自己“学习”过，自然就很难被骗啦！

明朝打行：我们打人，也替人挨打

明朝晚期，江南地区出现了专门替人打架的组织，名为“打行”。清代顾公燮《丹午笔记》记载：“善拳勇者为首，少年无赖属其部下，闻呼即至，如开行一般，故谓之‘打行’。”《苏州府志》记载：“市井恶少，恃其拳勇，死党相结，名曰‘打行’，言相聚如货物之有行也。”粗略来看，打行犹如一众市井无赖集结起来干打架斗殴的营生。清代褚人获《坚瓠集》引《亦巢偶记》将打行的人分为三等：

> 打行闻兴于万历间，至崇祯时尤盛，有上中下三等。上者即秀才，贵介亦有之。中者为行业身家之子弟。下者则游手负担、里巷无赖耳。三种皆有头目，人家有斗殴或讼事对簿，欲用以为卫，则先嘱头目，顷之齐集，后以银钱付头目散之，而头目另有谢仪，散银钱复有扣头，如牙侩然，故曰行也。

也就是说，上级有秀才贵人，中级是行业身家的子弟，下级就是一些市井无赖。如果有人想要打架斗殴或者对簿公堂，抑或是想要自卫，就要和他们的头目说，付钱雇人干活。《亦巢偶记》的记载说明，打行中也有一些知识分子或者是行业身家子弟，并非全是乌合之众。

打行所从事的活动主要是充当打手。有人愿意出钱，他们就为其服务。明末殷聘尹编的《外冈志》记载，曾经有一对夫妻吵架，各叫打行来助阵。两帮人表面上互相叫嚣，舞刀弄棒，实际是一伙的。他们两帮人自然不会火并，他们决斗就是将家里一顿糟践，胡乱砍砸，这对夫妻也被打残了，打手们将他们家中的值钱东西掳掠走了。夫妻俩简直是引狼入室。

此外，也有打行人充当挨打者。如果你犯了事儿，也可以花钱雇人替你挨打，《坚瓠集》记载："吴中无赖为人代比较者，计笞数索钱，曰打钱。"看来替人挨打也是计件收费。

打行中有侠少，也有恶少。叶权《贤博编》记载："吴下新有打行，大抵皆侠少，就中有力者更左右之，因相率为奸，重报复，怀不平。"《无锡县志》记载："恶少年群聚夜游，以诈谋拳勇，欺负老弱。浙江、安徽、广东、山西等地都有打行成立，恶少们携带武器，聚集成群，横行市井，无视官府。"也就是说，打行可能有一些侠少，但是久而久之，打行的风评急转直下，打行里的人相率为奸，做一些挟私报复、打架斗殴、欺负老弱、横行市井的事，完全藐视官府的权威，成为社会一大毒瘤。

明代朱国桢《皇明大事记》记载，嘉靖三十八年（1559年），应天巡抚翁大立下令抓捕打手，并于当年十月到苏州亲自督查抓捕工作。打行恶少们害怕，想要先给翁大立一个下马威，便潜伏在小巷中，等到翁大立路过时，跃出去给了翁大立一个巴掌，然后"撒去如飞鸟，莫可踪迹"，快速逃离。

此事让翁大立愤怒到极点，他说："鼠辈敢尔，必尽杀乃已。"翁大立身边有一个同乡边成，善拳棍，翁大立向边成询问对策，边成回答："某一匹夫之技，聊以为戏，临场乘巧取捷动人耳目，亦所遇非硬手，稍稍得志。其力钜艺精者热视，宁避不敢角也。此辈盘伏甚奥且夥，大人包而柔之，自然销伏，不可尽，亦不可与争。"意思是，这些人不过是一些乌合之众，与其强行拘捕引起他们强烈的斗争，不如以怀柔的政策对待他们。翁大立听了边成的意见，放缓处理。但是地方上巡徼者想要立功，对打手们进行急切地抓捕，打手们更加不安，"相与歃血，以白巾抹首，各持长刀、巨斧，夜攻吴县、长洲及苏州卫狱，劫囚自随，鼓噪攻都察院，劈门入之"。打手们暴动了，反戈一击，差点让翁大立丧命，幸亏他和妻子翻墙逃走。果然应了边成的话，打手们狗急跳墙了。之后打行"纵火焚毁公廨及所奉敕谕符验金字旗牌等"，还想要去攻打苏州衙门，幸亏知府王道行"督兵勇却之"，这些打行恶少不是对手，才撤退，"将曙，诸恶乃冲葑门，斩关而出，逃入太湖中"。

这件事很快传到嘉靖帝的耳朵中，嘉靖帝命令翁大立"戴罪严督，克期殄灭，以靖地方"。由此可见，打行的势力之盛，对社会危害之大。但是打行并没有被消灭，明末嘉定人侯峒曾认为："打行薮慝，敝邑为甚。小者呼鸡逐犬，大者借交报仇，自四乡以至肘腋间皆是。"至清初，打行依然猖獗。

"职业陪玩"帮闲，不仅仅是游手好闲

一说到帮闲，有些人可能会想到《金瓶梅词话》中的帮闲应伯爵。中国古典文学专家霍松林先生在《中国古典小说六大名著鉴赏辞典》"应伯爵"条下说："没有应伯爵，那还叫什么《金瓶梅》？"可见应伯爵这个角色对金瓶梅的重要性。

什么是帮闲呢？《辞海》的释义是："指受官僚或富豪豢养，陪他们玩乐，为他们帮腔的门客一类的人。"《宋金元明清曲辞通释》的释义是："旧称受官僚富豪豢养的食客为帮闲。"鲁迅先生更是一针见血地指出："那些会念书会下棋会画画的人，陪主人念念书，下下棋，画几笔画，这叫做帮闲，也就是篾片。"《金瓶梅词话》向我们展现了以应伯爵为主的很多个帮闲，他们插科打诨、游走劝说，给人留下难以磨灭的印象。帮闲看起来油嘴滑舌，专门做富贵人的捧哏，但要成为一个让人离不开的帮闲需要很强的能力。

首先，帮闲一般要掌握一定的技艺。

比如，应伯爵原来家境优渥，家里是开绸缎铺的。后来家道中落，他就"专在本司三院帮嫖贴食"，他"会一脚好气毬，双陆棋子，件件皆通"。另一个名叫谢希大的帮闲，"会一手好琵琶"。

明代戏曲《玉环记》中，韦皋想要招募贤士，前来投靠的张纬"拈弓栏靠，躲闪舞枪，三十六般器械，四十八样跌打，无所不通，

明永乐剔红花卉纹瓶

带着指南回大明

无所不晓。天地间总教师，江湖上老把识"。范克孝"十八般武艺为生计"，样样都精通。

其次，要豁得出去脸皮。

《笑林广记》记载：

帮闲者自夸技能曰："我件件俱精，天下无比。"一人曰："只有一物最像。"问："是何物？"答曰："蛐鳝。"问："何以像他？"曰："杀之无血，剐之无肉，要长就长，要短就短，又会唱曲，又会呵脬。"

虽然表面看起来帮闲一无是处，"杀之无血，剐之无肉"，但帮闲的优势就在于"要长就长，要短就短，又会唱曲，又会呵脬"，让干什么就干什么，极尽逢迎之能事。而且帮闲往往都贬低自己以抬高富人的身价。

最后，帮闲嘴上功夫了得。

这种说话的艺术可不只是一味逢迎，不露声色地恭维别人、通过巧妙的方式戏谑他人等才是真正的艺术。

比如，帮闲谢希大在李桂姐家讲过这么一个笑话：

有一个泥水匠在院中墁地。老妈儿怠慢着他些儿，他暗暗把阴沟内堵上个砖。落后天下雨，积的满院子都是水。老妈慌了，寻的他来，多与他酒饭，还秤了一钱银子，央他打水平。那泥水匠吃了酒饭，悄悄去阴沟内把那个砖拿出，把水登时出的罄尽。老妈便问作头："此是那①里的病？"泥水匠回道："这病与你老人家病一样，有钱便流，无钱不流。"

---

①那：旧同"哪"。

这是多么辛辣的讽刺呀，将李桂姐见钱眼开的本性巧妙地点出来。李桂姐也不甘示弱，回敬了一个笑话：

有一孙真人，摆着筵席请人，却教座下老虎去请。那老虎把客人一个个都路上吃了。真人等至天晚，不见一客到。人都说：你那老虎都把客人路上吃了。不一时，老虎来，真人便问："你请的客人都往那里去了？"老虎口吐人言："告师父得知，我从来不晓得请人，只会白嚼人，就是一能。"

李桂姐一针见血地指出谢希大这帮帮闲的丑陋嘴脸，吃白食，只进不出。

既然帮闲骗吃骗喝骗钱，为何还能在明朝生存下来呢？

其实帮闲和他们仰仗的富人之间是相互依赖的关系。帮闲依靠富人获得金钱，富人依靠帮闲获得精神慰藉和享受。帮闲在言语中总能逗乐富人，满足他们的情感需要。

《醒世恒言·卖油郎独占花魁》说："那些王孙公子来一遍，动不动有几个帮闲，连宵达旦，好不费事。"帮闲撑的就是王孙公子的场面。

西门庆在李瓶儿死后茶不思饭不想，悲痛欲绝，谁劝说都没用，但应伯爵一来，巧语连珠，哄得西门庆从难挨的悲伤中走出来：

哥，你这话就不是了。我这嫂子与你是那样夫妻，热突突死了，怎的不心疼？争耐你偌大的家事，又居着前程，这一家大小太山也似靠着你。你若有好歹，怎么了得！就是这些嫂子都没主儿。常言：一在三在，一亡三亡。哥，你聪明，你伶俐，何消兄弟每说。就是嫂子他青春年少，你疼不过，越不过他的情，成服，令僧道念几卷经，大发送，葬埋在坟里，哥的心也尽了，也是嫂子一场的事。再还要怎样的？哥，你且把心放开！

看似应伯爵对西门庆倾注了很大的感情，平时称兄道弟，对其真心真意，苦口婆心地劝说。但等到西门庆离世后，人走茶凉，应伯爵马上转投他人。帮闲的无情再一次说明帮闲与他们的金主只是酒肉之交，帮闲们赔笑脸、献殷勤，察言观色，伏低做小，只不过是为了混口饭吃。

随着商品经济的发展，明朝中晚期还出现了女性帮闲。他们多以三姑六婆的形式出现，形象也多不堪。明代方汝浩在《禅真逸史》中说："老妪专能说短长，致令灾祸起萧墙。闺中若听三姑语，贞烈能教变不良。"

在明朝人看来，女性应该被困囿于深宅大院中，钻研琴棋书画，抛头露面的女人是对传统妇德的挑战。

但毋庸置疑的是，女性帮闲的存在，是女性独立意识觉醒的表现，现在应该更为辩证地看待晚明的文献，剥离晚明士大夫的偏见，真正认识这个有血有肉的群体。

江湖术士到底有多误人

在大明，社会上活跃着许多江湖术士。所谓江湖术士，是指行走江湖的，以占卜、算命、相面等技艺为手段谋生的术士，他们大都给人一种神秘感，其见解一般迥异于常人。元代方回在《瀛奎律髓》中说："盖江湖游士，多以星命相卜，挟中朝尺书，奔走阛台郡县糊口耳。"江湖术士人数之多，远超人们的想象。明代学者黄省曾在《难八字射决论》中说："治其术者，上自京师大藩，每方不啻千万，虽乡邑之小亦有百辈盘集，以蚕食于其间。"冯惟敏的散曲《朝天子·四术》可谓道尽了江湖术士的面貌与虚伪。

把腕儿绰筋，掐杖儿下针。无倒段差分寸，处心医富不医贫。惯用巴霜信。利膈宽胸，单方吊引，几文钱堪做本。泻杀了好人，治活了歹人，趁我十年运。

医师一般流水操作就是号脉扎针，没问完了的差分少寸，处心积虑地医治富人而不医治穷人。惯用的就是巴豆、砒霜、信石，"利膈宽胸，单方吊引"，成本也就几文钱。这样一番操作下来，"泻杀了好人，治活了歹人"，幸亏自己运气好，不然也难逃医师的耽误。

睁着眼莽诌，闭着眼瞎诌，那一个知休咎？流年月令费钻求，就里多虚谬，四课三传，张八李九，一桩桩不应口。百中经枕头，卦盒儿在手，花打算胡将就。

占卜师说的话就更为虚谬了，简直是"睁着眼莽诌，闭着眼瞎诌"，一心钻营取巧。翻来覆去就是那几句话，"四课三传，张八李九"不离口。枕着《百中经》，握着卦盒儿，在那里胡说八道。

对着脸朗言，扯着手软缠。论富贵分贫贱，今年不济有来年。看气色实难辨，荫子封妻，成家荡产，细端相胡指点。凭着你脸涎，看的俺脑颜，正眼儿不待见。

相士看脸扯手分贫贱，说你如何荣华富贵，如何落魄潦倒，简直是"细端相胡指点"。巫师更是丑态毕露，上蹿下跳，不仅扰民，也治不好什么病。

扁鼓儿狠敲，背膊儿砢摇，不住的梭梭跳。五更半夜睡不着，邻舍家嫌聒噪。绰去了三魂，相冲着五道，鬼病儿难得好。买金银纸烧，请师婆赛了，敬意把邪神报。

明代谢肇淛《五杂俎》记载，万历三十九年（1611年）九月，他的侍儿忽然生病气逆，不能躺着。一个江湖术士说这是因为"气不归元"，服用六味丸可以立马康复。但是侍儿喝了很久还没有好转，并且把药都给吐出来了。这时，这个江湖术士说:"胃有寒痰,不受药矣,非附子不能下也。"意思是,不是我的药不对症,而是侍儿有寒痰,情况特殊,得用附子下药。谢肇淛半信半疑,就请良医薛子勉前来诊治。薛子勉诊断时笑着说:"这很容易。"然后,他开了一个方子,侍儿喝了也很平静。谢肇淛将之前喝药的来龙去脉告诉了薛子勉,薛子勉大惊道:"凡气逆者,皆火也。附子入口,必死无疑。"幸亏没有听信江湖术士的话,不然侍儿小命难保。

明代张瀚《松窗梦语》记载,有一个医者,说自己擅长医治驼背,"如弓者,如虾者,如环者,若延吾治,可朝治而夕如矢矣。"有个人相信了,就让他帮忙医治。医者"乃索板二片,以一置地下,卧驼者其上,又以一压焉,而即龃焉。"医者强行施压,结果"驼者随直,亦随死。"驼者的儿子想要告医者,医者说:"我业治驼,但管人直,哪管人死!"

以上两位江湖术士,医术不精,害人性命,贻害不浅。

表现晚明生活的奇书《金瓶梅词话》中,有许多江湖术士的身影。比如帮人看相的吴神仙"生的神清如长江皓白,貌古似太华乔松,威仪凛凛,道貌堂堂。"吴神仙给西门庆的一家老小看相的事,也反映了明末相术的兴盛。

《金瓶梅词话》中刘婆子说"比如有父子不和,兄弟不睦,大妻小妻争斗,教了俺这

寒雪山鸡图　明　吕纪

老公去说了，替他用镇物安镇，镇书符水与他吃了，不消三日，教他父子亲热，兄弟和睦，妻妾不争"。潘金莲为了赢得西门庆的欢心，就让刘婆子的老公刘瞎子施展厌胜之术，具体就是用两块人形的柳木分别写上潘金莲和西门庆的名字与生辰八字，再将两块柳木用红绳子绑在一起，用红纱蒙住"西门庆"的眼睛，把艾草塞进"西门庆"的心中，用针钉其手，下用胶粘其足，放在枕头内。再将朱砂书符烧成灰给西门庆喝下。潘金莲如此操作果然收获奇效。现在我们看来觉得荒诞不经，但明朝许多人都信这一套。

至于占卜，在明朝更是司空见惯。谢肇淛称，兰溪有一个跛足高人杨子高，挟相人术走天下，他能辨人贵贱贫富，而且都应验了，所以家财颇丰。有一天，他来到谢肇淛家，当时有二十多位客人，"或文学，或布衣，或掾史、赀郎、丹青、地师"，杨子高却能分别指出大家的身份，人们都赞叹杨子高的技能，谢肇淛却说："此无它，但阅人多耳。"

许多占卜者多说一些似是而非、模棱两可的话，最终怎么解释都能解释得通。也有些占卜者专挑好听的话说，极尽阿谀奉承之能事。正如汉代贾谊所说："夫卜者多言夸严以得人情，虚高人禄命以说人志，擅言祸灾以伤人心，矫言鬼神以尽人财，厚求拜谢以私于己。"一旦看透了占卜者求利的目的，他所说的话又有几分能当真呢？

第四章

香尘载道，玉屑盈衢：

舌尖上的纵乐与困惑

沉醉于美味：西门庆府中的家常菜谱

　　《金瓶梅词话》是刻画明朝中晚期生活的世情小说，再现了作者兰陵笑笑生所生活时代的社会风貌。《金瓶梅词话》里有许多关于吃食的文字，从中可以一窥明朝的日常饮食。

　　第二十三回中，大年初四，潘金莲、孟玉楼、李瓶儿三个人不知道今天该赌什么好，潘金莲提议："咱每人三盘，赌五钱银子东道。三钱买金华酒儿，那二钱买个猪头来，教来旺媳妇子烧猪头咱每吃。只说他会烧的好猪头，只用一根柴禾①儿，烧的稀烂。"来旺媳妇宋惠莲用一根柴火就能将猪头烧得脱了骨。只见宋惠莲"走到大厨灶里，舀了一锅水，把那猪首、蹄子剃刷干净。只用的一根长柴，安在灶内，用一大碗油酱，并茴香大料拌着停当，上下锡古子扣定。那消一个时辰，把个猪头烧的皮脱肉化，香喷喷五味俱全"。

　　宋惠莲能精准地把握火候，不到一个时辰，就将猪肉烧好了。宋惠莲做这道菜采用隔水干蒸的方法，锡古子就是一种用锡做的锅，一般中间粗，两头细，看上去像鼓，古通"鼓"，所以这种锅就叫锡古子。香喷喷的秘诀除了食材本身的味道，还配以油酱、茴香、大料。一根柴火烧那么久，应该采用的是小火慢炖的形式。吃的时候，还要辅以姜蒜碟儿，这么吃更解腻。

　　西门庆最爱的美食当数鲥鱼。苏轼曾经称赞鲥鱼"尚有桃花春气在，此中

---

① 柴禾：即柴火。

风味胜纯鲈"。鲥鱼在明朝是非常珍贵的食材，朝廷的贡品中就有鲥鱼。西门庆想要鲥鱼，就命人"冰篓覆鱼，冰船运输"，一路送到阳谷县。送礼和请客时安排鲥鱼十分有面子。

许多人巴结西门庆都会送他鲥鱼，比如在第五十二回中，黄四送给西门庆四个盒子礼，"一盒鲜乌菱，一盒鲜荸荠，四尾冰湃的大鲥鱼，一盒枇杷果。"西门庆说："还有活到老死，还不知此物甚么东西儿哩。"可见这四种东西，在当时属于稀罕物，老百姓听都没听说过。

有关鲥鱼的做法，《金瓶梅词话》也有提及，第三十四回中，西门庆和应伯爵喝酒，西门庆对玳安说："后边对你大娘说：昨日砖厂刘公公送的木樨荷花酒，打开筛了来，我和应二叔吃。就把糟鲥鱼蒸了来。"可见，当时西门庆和应伯爵吃的是清蒸鲥鱼。应伯爵回西门庆的话则说得更为详细：

> 我还没谢的哥，昨日蒙哥送了那两尾好鲥鱼与我。送了一尾与家兄去，剩下一尾，对房下说，拿刀儿劈开，送了一段与小女；余者打成窄窄的块儿，拿他原旧红糟儿培着，再搅些香油，安放在一个磁①罐内，留着我一早一晚吃饭儿。或遇有个人客儿来，蒸恁一碟儿上去，也不枉辜负了哥的盛情。

应伯爵得了西门庆的两尾鲥鱼，一尾送给哥哥，另一尾拿刀劈开，送一半给自己的女儿，余下的还要打成一段段的腌制好，慢慢品尝或待客，这也更说明了鲥鱼的珍贵，也从侧面反映出应伯爵高超的恭维技巧，把西门庆哄得别提有多开心了。

螃蟹也是当时的一道美食。《金瓶梅词话》第六十一回，常峙节为了答谢西门庆，"教他娘子制造了这螃蟹鲜，并两只炉烧鸭儿"，送给西门庆。这螃蟹怎

---

①磁：旧同"瓷"。

把酒持螯图　清　任颐

么做的呢？"四十个大螃蟹，都是剔剥净了的，里边酿着肉，外用椒料、姜蒜米儿、团粉裹就，香油碟，酱油醋造过，香喷喷酥脆好食；又是两大只院中炉烧熟鸭"。常峙节娘子的手艺应该不错，酥酥脆脆，西门庆请自己的好友品尝后都夸好，吴大舅更是感叹："我空痴长了五十二岁，并不知螃蟹这般造作，委的好吃！"

第三十五回，西门庆一家人吃螃蟹的时候，吴月娘吩咐小玉："屋里还有些葡萄酒，筛来与你娘每吃。"潘金莲却不赞同，她认为螃蟹和葡萄酒不搭配，"吃螃蟹，得些金华酒吃才好"。

西门庆非常爱吃李瓶儿做的一道点心——"酥油鲍螺"，是一种由酥油做成的形状像海螺的甜点，"浑白与粉红两样，上面都沾着飞金，就先拣了一个放在口内，如甘露洒心，入口而化。"酥油鲍螺这么好吃，炮制也很烦琐。张岱曾说苏州人将乳酪和蔗糖拌在一起，"熬之、滤之、钻之、掇之、印之，为带骨鲍螺[1]，天下称至味"。

---

[1] "鲍螺"的写法见《陶庵梦忆》。

《金瓶梅词话》第六十七回提到这种叫"酥油泡螺①"的点心，那是妓女郑爱月为西门庆做的。应伯爵尝过这道美食后说："吃了牙老重生，抽胎换骨，眼见稀奇物，胜活十年人。"迂腐荒唐的温秀才说："此物出于西域，非人间可有。沃肺融心，实上方之佳味。"过去只有李瓶儿会做，如今李瓶儿已死，西门庆睹物思人，颇为伤感。

西门庆作为富商，家中的生活条件很好，在饮食上自然花费不少。从宴席上，我们更能看出西门府的气派。比如宴请梵僧时，西门庆家中的席面是这样的：

先绰边儿放了四碟果子，四碟小菜；又是四碟案酒：一碟头鱼，一碟糟鸭，一碟乌皮鸡，一碟舞鲈公；又拿上四样下饭来：一碟羊角葱炒的核桃肉，一碟细切的馔饼样子肉，一碟肥肥的羊贯肠，一碟光溜溜的滑鳅。次又拿了一道汤饭出来：一个碗内两个肉员子，夹着一条花筋滚子肉，名唤一龙戏二珠汤；一大盘裂破头高装肉包子。……随即又是两样添换上来：一碟寸扎的骑马肠儿，一碟子醃腊鹅脖子；又是两样艳物与胡僧下酒：一碟子癞葡萄、一碟子流心红李子。落后又是一大碗鳝鱼面，与菜卷儿一齐拿上来，与胡僧打散。

可谓相当有排面。即便是日常饮食，西门府中的主人们也吃得很不错。比如李瓶儿吃饭，有"四小碟甜酱瓜茄，细巧菜蔬，一瓯顿烂鸽子雏儿，一瓯黄韭乳饼，并醋烧白菜，一碟火薰肉，一碟红糟鲥鱼，两银厢瓯儿白生生软香稻粳米饭儿"；有一次，西门庆吃的是："一方盒菜蔬：一碗烧猪头，一碗顿烂羊肉，一碗熬鸡，一碗煎炸鲜鱼和白米饭；四碗吃酒的菜蔬：海蜇、豆芽菜、肉鲊、虾米之类。"就这样，西门庆还吩咐春梅，"把肉鲊打上几个鸡旦，加上酸

---

①《金瓶梅词话》中有"酥油鲍螺"和"酥油泡螺"不同的写法，原文如此。

笋、韭菜，和上一大碗香喷喷馄饨汤来。放下桌儿，摆下，一面盛饭来。又烤了一盒果馅饼儿"。

纵观整本《金瓶梅词话》，提到食物的篇幅很多，简直是一部《舌尖上的生活》，如果有人愿意还原《金瓶梅词话》中的美食，那必将是一场饕餮盛宴。

御史不许食鹅：高端食材更能考验官品

鹅肉在今天来说并不算高端食材，但在大明却不是人人都能吃到的。

明代沈榜《宛署杂记》"乡饮酒礼"条记载了当时的菜单，上席六桌，"每卓（桌）用猪肉八斤，银一钱六分；羊肉八斤，银一钱二分；牛肉八斤，银一钱二分；大鹅一只，银二钱；鲜鱼一尾，重五斤，银一钱"，可见，一只鹅的价钱比八斤猪肉、羊肉抑或是牛肉都要贵。上中席干脆将"大鹅一只"换成"大鸡一只"。

明代李乐撰写的《见闻杂记》"牙人"条记载："浙江桐乡乌、青二镇，牙人以招商为业。商货有厚至一二百金者，初至，牙人丰其款待，割鹅开宴，招妓演戏以为常。"可见，鹅肉在当时属于高端食材，割鹅开宴就是"丰其款待"的表现之一。

《金瓶梅词话》中也有很多吃鹅的场面，比如，官哥儿的满月席上，"食烹异品，果献时新。须臾，酒过五巡，汤陈三献，厨役上来割了头一道小割烧鹅，先首位刘内相赏了五钱银子。"也就只有像西门庆这样的富贵人家才能经常吃鹅肉。

鹅肉是许多人的心头好。明代祝允明在《野记》中记载："御膳日用三羊、八鹅。孝宗即位，减，羊一鹅三。"也就是说，宪宗朱见深每天吃饭所需食材为三只羊和八只鹅，孝宗朱祐樘即皇帝位后，改为日用一只羊和三只鹅。

崇祯帝也爱吃鹅，《烬宫遗录》记载，崇祯帝和周皇后每月要斋戒十日，

"嫌膳无味"，御厨就将生鹅褪毛，从后面去除内脏，往肚子塞入蔬菜，煮一沸取出，洗干净后再用麻油烹制，制法非常精妙。

就烹饪而言，明朝人对鹅的研究十分透彻，明代宋诩《竹屿山房杂部》记载了多种鹅肉的做法，有油爆鹅、烧鹅、蒸鹅、盐炒鹅、油炒鹅、酒烹鹅、熟鹅鲊等，做法可谓极尽吃鹅之能事。

既然鹅的价格比较贵，许多人就通过吃鹅来显示自己的富贵。陆容《菽园杂记》记载："陈某者，常熟涂松人。家颇饶，然夸奢无节。每设广席，都钉如鸡鹅之类，每一人前，必欲具头尾。"意思是，陈某在宴席的每个客人面前都要放上鸡和鹅的头尾，以显示他请吃饭的是整只整只的鸡和鹅。

明太祖朱元璋为了遏制官员铺张浪费之风，就派御史去探查，看看他们饮食是否吃鹅，御史本人也要以身作则，《涌幢小品》记载："食品以鹅为重，故祖制，御史不许食鹅。"

面对鹅的诱惑，御史们真能做到不屑一顾吗？王世贞在《觚不觚录》中说，其父亲身为御史是不可以吃鹅肉的，但是有人为了巴结其父，"进子鹅，必去其首尾，而以鸡首冠盖之"。意思是，将鹅的头尾去掉，安上鸡头和鸡尾，指鹅为鸡。

不吃鹅在明朝成了清廉的象征，海瑞任都察院右佥都御史时，立下了《督抚条约》三十六条，其中有一条规定"本院别处下程，止鸡、肉、鱼、小瓶酒等件，不用鹅"。可见，在今天看来鹅肉仅能满足小小的口舌之欲，但在大明就面临着道德选择，可能许多御史吃鹅前，也会陷入深深的思考，吃鹅还是不吃鹅。

绝世风情董小宛，还烧得一手好"董菜"

秦淮八艳之一、明末清初学者冒辟疆的爱妾董小宛不仅聪慧温婉，而且还擅长很多技艺。《板桥杂记》记载，董小宛"针神曲圣，食谱茶经，莫不精晓"。

烹饪美食是这一奇女子的爱好与专长，她做的菜小巧精致，色香味俱全，即便是普通的食材，经她手烹饪，也能大放异彩。"蒲藕笋蕨、鲜花野菜、枸蒿蓉菊之类，无不采入食品，芳旨盈席。"

冒辟疆在《影梅庵忆语》中记载了董小宛做的肉菜：

火肉久者无油，有松柏之味。风鱼久者如火肉，有麂鹿之味。醉蛤如桃花，醉鲟骨如白玉，油蝌如鲟鱼，虾松如龙须，上兔酥雉如饼饵，可以笼而食之。脯如鸡粽，腐汤如牛乳。

董小宛做的"火肉"据推测可能是《崇川咫闻录》中记载的"董肉"，烹饪方式是将带皮的五花肉放在火上烤，逼出油脂，然后清洗干净，将五花肉切块、猪皮开几道虎纹，再放入锅中加调料慢炖。之后，将捞出的肉与炸好的腌制雪里蕻①梗一起用大火蒸。出锅后，浇上之前炖肉的汁。大家可以想象，经过烤，猪肉的香气溢出。经过炖和蒸，猪肉又会变得又软又糯。同时也不需要担心肉腥味，无论是烤、炖，还是与雪里蕻梗一起蒸，都能去除肉的腥味。经过这样一番操作，猪肉有松柏之味。《淮扬拾遗》记载，史可法吃了"董肉"后赞不绝口："肥而不腻，咸中渗甜，酒味馨香，虎皮纵横。"正如冒辟疆所述，其他美食，董小宛烹饪得也是巧慧出奇，令人称赞。

董小宛还有一道拿手的美食是"岕茶泡饭"。据冒辟疆所说："姬性澹泊，于肥甘一无嗜好。每饭，以岕茶一小壶温淘，佐以水菜、香豉数茎粒，便足一餐。"董小宛的口味比较清淡，不喜欢吃肥腻甘甜的食物。每次吃饭的时候，董小宛使用岕茶水温淘米饭，再搭配点水菜、几颗香豉就是一餐。

董小宛还擅长制作各种调味小菜，比如豆豉。董小宛认为，制作豆豉挑选

---

①雪里蕻：俗称"雪里红"，也称"春不老"。

带着指南回大明

黄豆时，"取色取气，先于取味"，挑选好黄豆后，要洗九次晒九次，剥掉黄豆外面的薄衣。然后加上各种调料和酿豉之汁。等到黄豆蒸熟，粒粒可数，香气、颜色和味道都远胜寻常的豆豉酱。

点心对董小宛来说，也不在话下。据说，董小宛和冒辟疆的爱情中经常有"董糖"的参与。相爱之初，董小宛将自己所制的董糖送给冒辟疆聊表心意，《崇川咫闻录》记载："董糖，冒巢民妾董小宛所造。未归巢民时，以此糖自秦淮寄巢民，故至今号秦邮董糖。"之后，董小宛更是拿董糖招待冒辟疆的客人。董糖以芝麻、桃仁、松子、饴糖、炒面和麻油作为原料，制成酥糖，切成长五分、宽三分、厚一分的块状，吃起来甜而不腻，是一品上佳的点心。

酿造花露也是董小宛的拿手好戏。《影梅庵忆语》记载："酿饴为露，和以盐梅。凡有色香花蕊，皆于初放时采渍之，经年香味、颜色不变，红鲜如摘。而花汁融液露中，入口喷鼻，奇香异艳，非复恒有。"这样颜色鲜嫩、香气扑鼻的饮品又有谁能不爱呢？董小宛所做的花露中，最为娇贵的是秋海棠露。有一种俗名为"断肠草"的食材，大家以为不能吃，董小宛却认为它"味美独冠诸花"。次一点的是梅花、野蔷薇、玫瑰、丹桂、甘菊之属。至于黄橙、红橘、佛手、香橼，去掉里面的白丝味道更好。客人饮酒后，她拿出数十种花露给大家解酒消渴，各种鲜艳的颜色在白瓷容器的衬托下鲜艳灿烂。这样的享受在冒辟疆看来"金茎仙掌，难与争衡也"。"抗仙掌以承露，擢双立之金茎"，冒辟疆意在说明花露滋味甚美，仙露所不能及。

夏天的水果汁也是董小宛烹饪的对象，她"取五月桃汁、西瓜汁，一穰一丝漉尽，以文火煎至七八分，始搅糖细炼"，这样做出的"桃膏如大红琥珀，瓜膏可比金丝内糖"。每到酷暑时节，董小宛必定亲自取汁以保证洁净，坐在炉边静静等候汤汁熬成膏，不让汤汁焦枯，还会分出浓淡数种。颜色深浅不同，味道也不一样。

《奁艳》书中所记"雨韭盘烹蛤，霜葵釜割鳝；生憎黄鲞贱，溺后白虾鲜。"

意思是，做蛤时候，要配雨后的韭菜，才更为鲜嫩。"釜鳝"需挑取霜打的葵叶，黄鲞和白虾则选择小暑前和清明后的最好。

董小宛之所以有如此高超的厨艺，这得益于她"细考之食谱，四方郇厨中一种偶异，即加访求，而又以慧巧变化为之，莫不异妙。"她不仅钻研各种食谱，还访求四方名厨，又加以创新，所以她做的菜异妙美味。

娶个会做饭的女人回家，冒辟疆不仅每日都可以享受"美人私房菜"，还可以做东道主宴饮客人。"余饮食最少，而嗜香甜及海错风薰之味，又不甚自食，每喜与宾客共赏之。"善解人意的董小宛"竭其美洁"。连大文人钱谦益都称赞董小宛的厨艺："珍肴品味千碗诀，巧夺天工万种情。"

文人私房菜：张岱的美食修养

说到吃，纵观整个大明朝，张岱一定榜上有名。张岱是个生活艺术家，狂放不羁，一生醉心于山水园林。张岱曾说："人无癖不可与交，以其无深情也。"张岱有一个癖好就是吃。食不厌精、脍不厌细，他对美食的追求可谓登峰造极。

张岱所吃必精，他有"三不吃"：非时鲜不吃、非特产不吃、非精致烹调不吃。翻开张岱的诗集，就会发现这哪里是诗集，简直是一本美食指南，北直的蘋婆果、余姚的竹溪杨梅、杭州的花下藕、盐官枣、糖楼蜜桔……一道道美味让人垂涎欲滴。张岱称自己"自是老饕，遂为诸物董狐。"意思是，自己为这些食物品类写传写史。

张岱对烹饪非常有研究，绝对可以称得上美食家。他说在烤肉的时候，在肉上撒一点芝麻末，就可以防止滴油；糟蟹放久了会变得如同沙子一般，可以用一寸皂角放置下面，就不沙了；煮老鸡，用山楂煮容易软烂，用白梅煮也很妙；吃过蒜后，吃少量的生姜和枣，口气全消……

煮茶图　明　丁云鹏

张岱对食性非常了解，他的笔下有："藕皮和菱米同食，则甜而软。芥辣，用细辛少许与蜜同研，则极辣。"这样的记载非常多，翻开《陶庵梦忆》，简直是打开了一道通往风雅美食的大门。

张岱嫌弃乳酪一经商人之手就充满市侩气，"气味已失，再无佳理"，所以他自己养了一头牛，每天晚上去挤牛奶，等到第二天早晨，牛奶上结了一层奶皮。此时用铜锅煮牛奶，再加点兰雪茶汤，煮沸，这就制成了他爱喝的"兰雪奶茶"，"玉液珠胶，雪腴霜腻，吹气胜兰，沁入肺腑，自是天供。"他还提供了许多种牛奶的烹饪方法：

> 或用鹤觞、花露入甑蒸之，以热妙；或用豆粉揉和，滤之成腐，以冷妙。或煎酥，或作皮，或缚饼，或酒凝，或盐腌，或醋捉，无不佳妙。而苏州过小拙和以蔗浆霜，熬之、滤之、钻之、掇之、印之，为带骨鲍螺，天下称至味。

张岱还自豪地说："其制法秘甚，锁密房，以纸封固，虽父子不轻传之。"看来张岱对自己的厨艺颇以为傲，称赞自己的秘方为独家，不轻易传人。

吃螃蟹是件烦琐的事情，吃蟹这件事发生在张岱身上，更马虎不得。他说："食品不加盐醋而五味全者，为蚶、为河蟹。"蟹这种天然美味，张岱自不会放过。他对河蟹什么时候吃，该怎样吃都颇有研究——"河蟹至十月与稻粱俱肥，壳如盘大，坟起，而紫螯巨如拳，小脚肉出，油油如蜫蜒。掀其壳，膏腻堆积，如玉脂珀屑，团结不散，甘腴虽八珍不及。"每到十月河蟹肥美的日子，他就邀请友人兄弟来参加蟹会。

蟹会一般定在午后，每人六只蟹，为了防止河蟹冷腥，要"迭番煮之"，吃完一波，第二波螃蟹刚好上桌，恰到好处。除此之外，还会以肥腊鸭、牛乳酪、如琥珀般的醉蚶和鸭汁煮的白菜做配菜，"果蓏以谢橘、以风栗、以风菱。饮以玉壶冰，蔬以兵坑笋，饭以新余杭白，漱以兰雪茶"，搭配十分精妙，连张岱自已也忍不住称赞"真如天厨仙供，酒醉饭饱，惭愧惭愧"。

张岱酷爱吃河豚。河豚味美，但是古时候有些厨子处理不好，食客吃了会有丧命的风险。李时珍在《本草纲目》中记载："味虽珍美，修治失法，食之杀人……吴人言其血有毒，子令腹胀，眼令目花，河豚子必不可食，曾以水浸之一夜之间大如芡实也。"所以，古时有"拼死吃河豚"一说。

张岱在《咏方物》组诗中提及河豚说："苏州河豚肝，又名西施乳，与芦笋同煮则无毒。"他在《夜航船》中还记载，"食河豚罢，以萝卜煎汤涤器皿，即去其腥"。可见，他对吃河豚颇有研究。

美食家对食材要求极高，张岱也不例外，他在《夜航船》"果品"条记录了各种瓜果的保鲜方法：贮存枣子的时候，要一层稻草一层枣相间着放，这样可以防蛀；储存栗子，要"栗烧灰淋汁"，浸泡两夜，晒干，再放在盆中用沙子盖住；储存西瓜的时候，不能让太阳照到，如果被太阳照到西瓜就会发芽；储藏鸡豆，要晒干放入瓶中，用箬包好，埋到地下；储藏金橘要放在绿豆中，这样能经时不变；存放桃子，用麦麸做粥，先放少许盐在盆里，等凉了以后放进桃子，冬天拿出来喝酒吃最好。桃子不要太熟，要选择颜色青红的……

张岱不是简单地提了几个，而是花大量篇幅详细地记载了各种果品的保鲜方式，足见他对果品的研究与热爱。对于蔬菜的储藏，张岱也有心得，"收芥菜子，宜隔年者则辣。生姜，社前收无筋。茄子以淋汁过柴灰藏之，可至四五月……"

最让人眼前一亮的是他对鹿苑寺方柿的记载，他以为方柿都是在冬天结果，没想到他逃避战火时，在鹿苑寺见到夏方柿十数株，"柿大如瓜，生脆如咀冰嚼雪，目为之明"，但是这柿子吃起来有些涩，张岱观察当地人的做法："土人以桑叶煎汤，候冷，加盐少许，入瓮内，浸柿没其颈，隔二宿取食，鲜磊异常。"张岱将此法悉心记下来。

曹丕《与群臣论被服书》中有言："三世长者知被服，五世长者知饮食。"张岱有极高的生活品位，与其优渥的家世是分不开的。自高祖起，张岱家祖上发迹，到其父辈，虽然家境不如从前，但仍然维持着不错的生活水平。张岱作为生活的艺术家，可能遗传于他的祖父张汝霖。张岱在《快园道古》中记载，有一次，祖父因厨子的肉炖得不好，而打了他一顿，厨子觉得很委屈，他说："老爷要炒炒，吃过了；老爷要熄熄，吃过了。别无煮法，叫小人怎地？"可见，祖父张汝霖对吃也有很高的追求。

张汝霖与别人结过饮食社，还编写了一本《饔史》。张岱后来对《饔史》进行修改删减，写成了《老饕集》，只可惜没有流传下来。张岱曾遗憾地说："余家自太仆公称豪饮，后竟失传。"对美食有如此追求的他说："我们家自从太仆公起能豪饮，而后代却喝不了酒，真不失为一件憾事。"

覆巢之下无完卵，生在晚明的张岱在五十岁的时候经受了国破家亡的悲苦。孜孜以求美食精方的他也不得不面临缺衣少食的困境。他在自己的墓志铭中写道："年至五十，国破家亡，避迹山居。所存者，破床碎几，折鼎病琴，与残书数帙，缺砚一方而已。布衣蔬食，常至断炊。回首二十年前，真如隔世。"

张岱绚烂过，他自述："少为纨绔子弟，极爱繁华，好精舍……好鲜衣，好美食，好骏马，好华灯，好烟火，好梨园，好鼓吹，好古董，好花鸟，兼以茶淫橘虐，书蠹诗魔。"然而"劳碌半生，皆成梦幻"。而今穷困潦倒，老病缠身。正应了袁宏道所述五快活的最后一快活："然人生受用至此，不及十年，家资田地荡尽矣。然后一身狼狈，朝不谋夕，托钵歌妓之院，分餐孤老之盘，往来乡亲，恬不知耻。"

张岱也孤独，也灿烂。

清炒"金花菜"，高士的食谱有多俭朴

明末文人陈确生活清贫，每日只能以蔬菜充饥，既不过油，也不加任何调味品，只是在锅里把菜一蒸，可谓寡淡。不过陈确颇有苦中作乐的志趣，还作了一首《蒸菜歌》，称自己"贫士昧肉味，与菜多平生。因之定久要，白首情弥亲"。这无味的蒸菜吃多了，竟然生出了如亲人一般的感觉，这境界，着实高出世人一大截。

明朝的饮食，由俭入奢，渐渐变得花样百出。比如在《金瓶梅词话》中，西门庆仅早餐就有 22 种佐食，午餐更是"先放了四碟菜果，然后又放了四碟案鲜：红邓邓的泰州鸭蛋，曲湾湾王瓜拌辽东金虾，香喷喷油煤的烧骨，秃肥肥干蒸的劈晒鸡。第二道，又是四碗嘎饭：一瓯儿滤蒸的烧鸭，一瓯儿水晶膀蹄，一

景德镇贴金彩瓷壶　明

瓯儿白煤猪肉，一瓯儿炮炒的腰子。落后才是里外青花白地磁盘，盛着一盘红馥馥柳蒸的糟鲥鱼，馨香美味，入口而化，骨刺皆香。"其奢华程度，真是叫人艳羡！

在这种奢靡的风气下，陈确的蒸菜显得格格不入，然而他并不是时代的孤勇者，大明不乏身在庙堂的志同道合者。这些人清雅真率，生活朴素，怀君子璞玉之德，只是在请人吃饭时，未免让惯奢靡饮食之人感到尴尬。比如宣德年间的

兵科给事中蒋性中，他奉行食不甘味的节制生活。每次宴请，总不超过五个菜，其中必有一碟"金花菜"，那形象就如清炒草头一般。不过偶尔蒋性中也会让人摆上一道"鹦哥嘴"，乃是其家乡盛产的蟛蜞螯烧成的菜，味道还算鲜美。

万历年间任大理寺评事的游朴也是一个饮食简单的官员。《荆西分守参政游公去思碑记》记载，游朴"性至清俭，不御卮酒，居长藿食，即取尺布斗粟，于市价不贰。署外寥寥，民不知有官。酬答尺一，八行薄将而遣之，虑其靡公资也。燕享宾客，爵三行即报罢，虑其妨诸务也。按部设供张，不许过一豆一馈"。游朴早年家境贫寒，求学时曾用木头雕刻的鸡腿沾着酱油吮吸下饭，险被污蔑偷盗。依照人之常情，有此经历的游朴四十八岁中了进士、做了官之后，当会补偿性消费和饮食。然其依然清简自守，可见内涵修养之深。

相比于简单清淡的食谱，奢侈的饮食更像是在健康问题上的摆烂。饮食的更高目的乃是养生，如明代养生学家高濂所说："饮食——活人之本也……由饮食以资气，生气以益精，生精以养气，气足以生神，神足以全身。"简单朴素的饮食，并非不注重饮食，相反还是养生之法门。大吃大喝的饮食之风并不可取，正如宋代陈直在其所撰的《养老奉亲书》中所说："若生冷无节，饥饱失宜，调停无度，动成疾患。"如果饮食无度，百无禁忌，则显然不利于健康。

明代的一些简食主义者，往往秉持一种淡味思想。对他们来说，太重的口味，就会失去食物本身的味道，味觉逐渐麻木，久而久之就会品味不到食物的"真味"。况且食也通性，一旦一个人连食物的真味都分辨不出来，他又怎能领悟到人生的真谛呢？

很少有人在大鱼大肉、山珍海味中品味到真正的高雅之乐，在某种程度上，人生的趣味若游于口腹之内，盈于鼻舌之间，因其杂味的堵塞，则难以敞胸入怀，由此便显得平庸，陷于流俗。而淡味之中，因其没有杂味，就会有一种气盈于胸的感觉，自然是更有利于修身养性、培育君子之德的。

王爷朱橚的"莸稗"情结

《孟子》中有这样一句话:"五谷者,种之美者也;苟为不熟,不如莸稗。夫仁,亦在乎熟之而已矣。"孟子以五谷的例子为隐喻,目的在于阐发仁人志士的做人道理。明朝有这么一个王爷朱橚,用非常朴实、科学、实际的视角来看待"五谷不熟,不如莸稗"的道理。他的思考点在于:既然五谷未成熟,还不如一些野草有用,那么在发生"五谷不熟"的灾年,是不是可以用这些"莸稗"来充饥,以舒缓民生问题呢?

这就是一个王爷看待问题的落脚点,让人不得不佩服。朱橚作为朱元璋的第五子,十岁就被封王,宠遇优渥,不过他心中总是牢记朱元璋对他的"忆苦思甜"教育。元朝末年,洪水、干旱、蝗灾、冰雹、地震等自然灾害频发,百姓饥不可餐,苦不堪言。朱家半个月饿死三个人。后来,朱元璋的父母相继去世,他竟然"贫不克葬"。这种苦楚,是朱元璋登基以后也难以忘怀的。而朱橚多次聆听朱元璋的教诲,对野菜灾年救荒的作用印象深刻。

朱橚是一个极具科研精神的王爷,他一生中组织编写了《保生余录》《袖珍方》《普济方》《救荒本草》等以"保生""救荒"为宗旨的医药著作。其中《救荒本草》的意义最为重大。朱橚认为,发生饥荒时,应该不只稗子一类的野草可以用来食用充饥。因而他向民间悬赏收集那些可食用但大众认识不足的植物,得来了四百余种植物幼苗。他还潜心研究,亲自观察这些幼苗的发育过程,等到成熟之后,安排画工绘制其形象,并分条目记录下植物各个部位的可食用部分,这才汇集成了这本影响至今、价值极高的植物学专著。美国著名科技史专家萨顿称《救荒本草》为"中世纪最卓越的本草书"。

有人认为,朱橚做这些工作的动机并不纯,应该有着颇为复杂的政治考量。

毕竟《明史》也记载他"时有异谋"，且两次因不轨行为被流放至云南，永乐元年（1403年）最后一次被朱棣召回，才开始"深陈悔罪改过之意"，为此还被朱棣重赏一番。其实根据朱橚本人的表述，自己并非汲汲于皇位的功利狂人，《明史稿》记载了他这样一段自白："彼声色与畋游兮，固非吾之所尚。既神仙之杳冥兮，多徒劳于梦想。文宴从容，不减梁园故事。"而他所"尚"的，正是把探究医药、植物学的乐趣和民间温饱事紧密结合在一起，有如"大明神农氏"。科技史学家李约瑟认为："朱橚等人的工作是中国人在人道主义方面的一个很大贡献。朱橚既是一个伟大的开拓者，也是一个伟大的人道主义者。"无论后人如何评说，一部《救荒本草》，已足以为他正名。

第五章

明潮穿搭指南：
衣冠服章里的大明风华

垂衣天下治："衣冠禽兽"原是权力象征

元朝统一中国后，改变了中原王朝的服饰制度，代之以"胡俗"。"士庶咸辫发椎髻，深檐胡帽，衣服则为袴褶、窄袖及辫线腰褶；妇女衣窄袖短衣，下服裙裳，无复中国衣冠之旧。"面对这样的状况，明太祖朱元璋决定恢复汉唐的服饰体系，制定了繁复的服饰制度，以"辨贵贱，明等威"。

朱元璋从面料、样式、尺寸、颜色、纹饰等方面对不同身份的人做了不同的着装规定。而且规定得特别详细，体现了严格的等级制度。比如《明史》记载：

凡职官，一品、二品用杂色文绮、绫罗、彩绣，帽顶、帽珠用玉；三品至五品用杂色文绮、绫罗，帽顶用金，帽珠除玉外，随所用；六品至九品用杂色文绮、绫罗，帽顶用银，帽珠玛瑙、水晶、香木。

庶人冠服……止许绸、绢、素纱……巾环不得用金玉、玛瑙、珊瑚、琥珀……

明朝服饰等级分明，分为皇帝冕服、后妃冠服、皇太子亲王以下冠服、文武官冠服、命妇冠服、内外官亲属冠服、内使冠服、侍仪以下冠服和士庶冠服、乐工冠服等。也就是说，在大明，什么样的身份就得有什么样的着装。对于大明官员来说，千万不能穿错衣服。一到四品官袍子颜色为绯色，五到七品为青色，八到九品为绿色。官员衣服上的纹饰也有很大的区别，文官用飞禽，武官用走兽。文官：一品仙鹤，二品锦鸡，三品孔雀，四品云雁，五品白鹇，六品鹭鸶，七品鸂鶒，八品黄鹂，九品鹌鹑；武官：一品、二品狮子，三品、四品虎豹，五品熊罴，六品、七品彪，八品犀牛，九品海马。《明实录》记载，胡惟庸、蓝玉有一条罪名就是关于僭越服器制度的：

朕自即位以来，累命儒臣历考旧章，上自朝廷，下自臣庶，冠婚丧祭之仪，服舍器用之制，各有等差，著为条格，俾知上下之分，而奸臣胡惟庸等擅作威福，谋为不轨，僭用黄罗帐幔，饰以金龙凤文。迩者逆贼蓝玉，越礼犯分，床帐护膝皆饰金龙，又铸金爵以为饮器……僭乱如此，杀身亡家。

《大明会典》记载："若僭用违禁龙凤文者，官民各杖一百，徒三年。工匠杖一百，连当房家小，起发赴京，籍充局匠，违禁之物并入官。首告者，官给赏银五十两。若工匠能自首者免罪，一体给赏。"由此可见，当时惩罚之严。

对于普通老百姓来说，不能乱穿衣。洪武三年（1370年）规定："庶人初戴四带巾，改四方平定巾，杂色盘领衣，不许用黄。"并且衣服不能使用金绣、锦绮、纻丝、绫罗，只可以使用绸、绢、素纱。首饰、钗、镯不能用金玉、珠翠，只能用银。洪武六年（1373年）规定，庶人的巾环上不能用金玉、玛瑙、珊瑚、琥珀。"庶人帽，不得用顶，帽珠止许水晶、香木。"不同时期对服饰有不同的规定，但总的来说都是规定庶民不能使用名贵的物品。

朱元璋对衣服制度的制定颇为满意，并自得地说："华风沦没，彝道倾颓，自即位以来，制礼乐，定法制，改衣冠，别章服，正纲常，明上下，尽复先王之旧，使民晓然知有礼义，莫敢犯分而挠法。"让朱元璋想不到的是，到了明朝中晚期，逾制僭越时有发生，甚至到了无法管控的地步。

成化年间，户科给事中丘弘上疏说："近来风俗尚侈，亡论贵贱，服饰概用织金宝石，饮宴皆簇盘、糖缠，上下仿效，习以成风……"嘉靖年间的《建宁县志》记载，"女饰衣锦绮。被珠翠，黄金横带，动如命妇夫人"。更有甚者，穿着向后妃靠近。明代张瀚在《松窗梦语》中称："国朝士女服饰，皆有定制。洪武时律令严明，人遵划一之法。代变风移，人皆志于尊崇富侈，不复知有明禁，群相蹈之。如翡翠珠冠、龙凤服饰，唯皇后、王妃始得为服；命妇礼冠，四品以上用金事件，五品以下用抹金银事件；衣大袖衫，五品以上用纻丝绫罗，六品以下用绫罗缎绢；皆有限制。令男子服锦绮，女子饰金珠，是皆僭拟无涯，逾国家之禁者也。"也就是说，人们穿衣不再以身份等级为标准，而是以财富为标准。只要有钱，大可以穿绫罗绸缎，戴金玉首饰。

尽管明朝政府一开始也想要打压僭越现象，但均未收得成效。"盖男子僭于外，法可以禁止。妇女僭于内，禁有所不及。故移风易俗者，于此尤难。"

所谓的乱穿衣在明朝晚期早已见怪不怪，在《金瓶梅词话》中，何太监将自己的飞鱼服送给西门庆，西门庆"白绫袄子上，罩着青段五彩飞鱼蟒衣，张爪舞牙，头角峥嵘，扬须鼓鬣，金碧掩映，蟠在身上"。《金瓶梅词话》虽是小说，但反映的是明朝的现象，兰陵笑笑生如此写也并非空穴来风。《万历野获编》的记载就印证了这个说法："在外士人妻女，相沿袭用袍带，固天下通弊。若京师则异极矣，至贱如长班，至秽如教坊，其妇人出，莫不首戴珠箍，身被文绣，一切白泽麒麟飞鱼坐蟒，靡不有之。"别说飞鱼纹了，西门庆穿蟒纹也不稀奇。

一统天和、四方平定：戴帽子竟是顺天应道

明朝流行戴巾帽，而且巾帽的种类繁多，明代顾起元《客座赘语》"巾履"条记载了万历四十五年（1617年）戴巾帽的情况："南都（指南京）服饰，在（隆）庆、（万）历前犹为朴谨，官戴忠靖冠，士戴四方巾而已。近年以来，殊形诡制，日异月新。于是士大夫所戴其名甚伙：有汉巾、晋巾、唐巾、诸葛巾、

纯阳巾、东坡巾、阳明巾、九华巾、玉台巾、逍遥巾、纱帽巾、华阳巾、四开巾、勇巾。"

而且还有各式各样的装饰："巾之上或缀以玉结子、玉花瓶，侧缀以二大玉环。而纯阳、九华、逍遥、华阳等巾，前后益两版，风至则飞扬。齐缝皆缘以皮金，其质或以帽罗、纬罗、漆纱，纱之外又有马尾纱、龙鳞纱，其色间有用天青、天蓝者。至以马尾织为巾，又有瓦楞、单丝、双丝之异。"

抚琴图　明　陈洪绶

明朝人爱巾，有的人甚至不满足于当时的款式，还发明了新的巾帽。明代陈献章（号白沙）自创"玉台巾"，和华阳巾相似，清代屈大均记载："白沙先生尝戴玉台巾，扶青玉杖，插花帽檐，往来山水之间，风流潇洒，油然自得。身在万物之中，而心出万物之外，斯乃造化之徒。可以神遇而不可以形迹窥者，所谓古之狂者非耶。"玉台巾俨然成为狂生陈白沙的代名词。

晚明隐士陈继儒是时尚的弄潮儿，清代尤侗《艮斋杂说》记载："松江陈继儒（眉公）每事好制新样，人辄效法。其所坐椅称眉公椅，所制衣称眉公衣，所悦饼称眉公饼。"他自创"眉公巾"，也是张扬个性的表现之一。

明朝有一种比较特殊的帽子，即四方平定巾。四方平定巾，即方巾，是一种形状为倒梯形、帽筒较高的软帽。后面分叉处设有两根带子，用以调节大小。这款帽子不戴的时候可以折叠起来。明朝文献学家王圻与其子王思义所撰《三才图会》记载："此即古所谓角巾也，制同云巾，特少云纹。相传国初服此，取四方平定之意。"朱元璋曾下诏"令士人戴四方平定巾",就是因为"四方平定"寓意好。明代朗瑛所著《七修类稿》说:"今里老所戴黑漆方巾,乃杨维桢人见太祖时所戴。"朱元璋问杨维桢戴的是什么巾?杨维桢回答:"此四方平定巾也。"朱元璋遂颁式天下。

随着明朝社会风气的开放,明朝中后期戴四方平定巾的人越来越多,明代徐咸在《西园杂记》中记载:"嘉靖初年,士夫间有戴巾者。今虽庶民,亦戴巾矣。"就连一些相士、医师、贩夫走卒等都加入戴方巾的行列,《日知录》冠服条引《内丘县志》说:"门快舆皂无非云履,医卜星相莫非方巾。"《万历<通州志>》记载:"至于驵会庸流,幺幺贱品,亦戴方头巾,莫知禁厉。"

四方平定巾的造型越来越夸张,比如明末清初叶梦珠《阅世编》"冠服"条记载:"(明人)其便服,自职官大僚而下至生员,俱戴四角方巾。其后巾式时改,或高或低,或方或扁,或仿晋唐,或从时制,总非士林,莫敢服矣。"褚人获在《坚瓠集》中说四方平定巾像"头顶一个书橱"。

明朝人还流行戴网巾,这与明太祖朱元璋的推动也有关系。有一次,朱元璋到神乐观,有个道士在灯下结网巾。朱元璋问这是什么啊?道士回答说这是网巾,"用以裹头,则万发俱齐"。第二天,朱元璋就将道士"命为道官。取巾十三顶颁于天下,使人无贵贱皆裹之也"。

谢肇淛《五杂俎》记载:"网巾以马鬃或线为之,功虽省,而巾冠不可无矣。北地苦寒,亦有以绢布为网巾者,然无屋终不可见人。"网巾是用马鬃或者线结成的,可以尽收头发,所以这种网巾也有一个寓意很好的名字:一统天和,寓意天下一统。天启年间,网巾出现革新,去掉上面的网带,只束下口,所以被称为"懒收网"。

明朝还有一种寓意很好的帽子叫六合一统帽,俗称瓜皮帽。由六块布料缝制而成。明末清初人谈迁在《枣林杂俎》中记载:"清时小帽,俗称'瓜皮帽',不知其来久矣。瓜皮帽即六合巾,明太祖所制。"明代黄一正在《事物绀珠》中指出："小帽六瓣金缝，上圆平下缀檐，国朝仿元制。"这种帽子由于寓意好得到明太祖的大力推广。明代余永麟所撰《北窗琐语》记载："小帽截子，初唯执役厮卒服之。其后，民趋于便，虽士庶亦多用之。"也就是说，到明晚期，六合一统帽已成为人们经常戴的帽子。看来，物品要想受人喜欢，给它取一个好名字，还是很有必要的。

时尚要把握好，别一不小心穿成了服妖

"服妖"一说由来已久，《汉书》记载："风俗狂慢，变节易度，则为剽轻奇怪之服，故有服妖。"也就是说，着奇装异服，就是服妖。古代人经常将服装的变化和国家的吉凶联系在一起，有很强的谶纬意味。但明朝中晚期对服妖的态度较为宽容，千奇百怪的衣服轮番上阵，使人眼花缭乱。

士大夫称之为"服妖"的服饰，表现为等级僭越、阴阳颠倒、求新、求异、求贵等方面。明代余永麟《北窗琐语》记载了一首民谣："一可怪，四方平巾对角戴。二可怪，两只衣袖像布袋。三可怪，纻丝鞋上贴一块。四可怪，白布截子缀绿带。"只要是不符合当时穿着规范的，都可以将其列为"服妖"的行列。

《大明会典》记载："嘉靖六年，令在京在外官民人等，不许滥服五彩妆花织造违禁颜色。及将蟒龙造为女衣，或加饰妆彩图利货卖。其朝贡夷人，不许擅买违式衣服。如违，将买者、卖者一体拿问治罪。"由此可见，当时许多人穿着出现违制现象，穿违禁颜色样式的衣物，甚至穿蟒衣。

《阅世编》记载："时唯大红为礼服而不轻用。未几，遂为常服。甚而用锦缎，又甚而装珠翠矣。然唯缙绅之家用之。寖淫至于明末，担石之家非绣衣大红不服，婢女出使非大红里衣不华。今则田家村妇介之于青衫裙布之间矣。夏日细葛、纱罗，士大夫之家常服之，下而婢女不轻服也。崇祯之间，妇婢出使服之矣，良家居恒亦服之矣。自明末迄今，市井之妇，居常无不服罗绮，娼优

贱婢以为常服，莫之怪也。"由此可见，越到明后期，僭越现象越常见，甚至连当时被认为最低贱的人，也穿着华丽。其实"乱穿衣"的现象发展到最后，人们已经见怪不怪了。

沈德符在《万历野获编》痛心疾首地说：

> 至贱如长班，至秽如教坊，其妇外出，莫不首戴珠箍，身被文绣，一切白泽麒麟飞鱼坐蟒，靡不有之，且乘坐肩舆，揭帘露面，与阁部公卿交错于康衢，前驱既不呵止，大老亦不诘责，真天地间大灾孽……文臣章服，各以禽鸟定品级，此本朝独创，向闻教坊官绣补俱圆，其实正方，与朝臣无异，且亦衣练鹊如士夫，此更当改他禽，无混清流可也。

当一些专属于皇家和贵族的衣服飞入寻常百姓家，形成对封建等级制度的挑战，所以，士大夫呼之为"服妖"。

明朝中晚期，人们追求享受，一波波"服妖"之风层出不穷。马尾裙曾在成化年间的京师极为流行。马尾裙是以马尾织成的，由于马尾比较硬，所以裙子支撑起来像一把小伞。明代陆容的《菽园杂记》记载，马尾裙是由朝鲜国传来的，京师的人争相购买，但是"未有能织者"。最初，穿这种衣服的人只有富商、贵公子、歌妓。慢慢地，京城有了织卖者，"于是，无贵无贱，服者日盛。至成化末年，

楼阁人物发钗　明

朝官多服之者矣"。因为穿这种裙子，下面蓬起来，非常美观，受到人们的追捧。"阁老万公安，冬夏不脱；宗伯周公洪谟，重服二腰；年幼侯伯驸马，至有以弓弦贯其齐者。大臣不服者，唯黎吏侍淳一人而已。"可见，马尾裙多么受欢迎。弘治初年，有官员上疏称："京中上人好著马尾衬裙，因此官马被人偷拔鬃尾，有误军国大计。乞要禁革。"弘治初年的确颁过禁令，但是马尾裙不禁而亡，很快被新的时尚所取代。

水田衣，又名百衲衣，曾流行于一时。水田衣是由很多块面料缝制而成的，形状像水田，故得名。清代李渔在《闲情偶寄》中推测水田衣的由来："亦非有意为之，盖由缝衣之奸匠，明为裁剪，暗作穿窬，逐段窃取而藏之，无由出脱，创为此制，以售其奸。"意思是，奸诈的裁缝每次藏一块布料，积少成多，然后将这些小碎布缝制成衣服再卖。清代钱大昕《十驾斋新录·水田衣》中有"释子以袈裟为水田衣"一说，意思是，水田衣是从袈裟改制而来的。

这种由无数块补丁缝补而成的衣服，竟然得到人们的争先效仿。为了做一件水田衣，"毁成片者为零星小块"，李渔对这种现象深恶痛绝，他说："全帛何罪，使受寸磔之刑？缝碎裂者为百衲僧衣，女子何辜，忽现出家之相？"

在明朝，月华裙也被列入"服妖"之列。李渔记载"吴门所尚'百裥裙'，可谓尽美。予谓此裙宜配盛服，又不宜于家常，惜物力也。较旧制稍增，较新制略减，人前十幅，家居八幅，则得丰俭之宜也。吴门新式，又有所谓'月华裙'者，一裥之中，五色俱备，犹皎月之现光华也，予独怪而不取。人工物料，十倍长裙。"由此可见，月华裙由十幅裙幅构成，华美如月光。

在明朝，昭君套也被列为"服妖"。张岱在《陶庵梦忆》中记载："妇人不知何故，一年之内都着对襟衫，戴昭君套，此服妖也。"昭君套指的是女人头上围着的条状貂皮，据说为昭君出塞时所戴，所以称之为"昭君套"。如张岱所说，一年四季都戴着昭君套，似乎是有些难以理解，尤其是酷暑时节，想必戴着它的女子也吃了不少苦头吧。

在明朝，女扮男装也是人们竞相追捧的时髦。宪宗的宠妃万贵妃在宪宗出游时，"戎服男饰"陪伴在宣宗左右，宪宗"每顾之，辄为色飞"。有些名妓热衷于女扮男装，比如柳如是就经常扮成男子与士大夫交往。

明朝女子的衣服也有男装化的倾向，明朝徐树丕在《识小录》中说，嘉靖年间，女人服饰上衣长至膝盖以下，袖口宽约四尺，接近男人服装形制。

明代著名学者姚旅在《露书》中记载，开封一带的妇女着男人的网巾已经不是什么新鲜事："黄六治谓开封妇人皆戴网，心窃怪之。后余开封渡河，见舟中妇人网蒙其首，非六治先言，几绝倒。比过通许、太康，门子披发者皆有网，亦一方之服妖也。"

明朝中晚期，人们追求时尚不遗余力，明代史学家郎瑛称："正德中年，京都士人忽焉以巾易帽，四方效之。然巾本古冠服也，一时变更，自觉骇异。"这种以巾易帽的风潮，让人觉得很惊骇怪异。人们多厌常喜怪。打扮极尽夸张之能事，比如正德年间女人所戴的发髻竟然高达五寸，（万历）《新修余姚县志》记载："至于妇女服饰，岁变月新，务穷珍异，诚不知其所终也。"男子也丝毫不落后，一些士大夫看到专属于自己阶层的方巾被天下所有人都戴，所以不得不标新立异，明代诗人王鏊在《秉之惠巾制甚奇似东坡而小异老夫之所宜戴也赋诗谢之》中记载了友人送他巾，他戴着的模样：

> 幞头峉崿帽尖纤，雅俗无如此样兼。
>
> 垫似林宗微展角，高如苏子不为檐。
>
> 将笼白发真相称，若对青蛾未免嫌。
>
> 我是越人犹爱着，肯教漉酒似陶潜。

更有甚者，将自己活成行为艺术。行为怪诞的张献翼，他所穿的衣服多半都和其他士人穿的不一样，都是经过他改制的。《万历野获编》记载，他"身披

带着指南回大明

采绘荷菊之衣，首戴绯巾，每出则儿童聚观以为乐"。《虞初新志》记载，有一位侠士顾玉川，"尤好奇服，所至儿童聚观。常衣纸衣，行则瑟瑟有声；冠纸冠，方屋而高二尺。或时蓬跣行歌道中，或时幅巾深衣，肩古藤杖，杖悬葫芦，大于身而高于顶，遇风则与偕覆，徐拄杖而起，行歌自如。"如此看来，其颇有魏晋风度。

明朝中晚期之所以会出现服妖风潮，与法度的松弛与经济的繁荣有很大的关系。一方面，纺织印染等行业的发展，让人们穿各种花式衣服成为可能；另一方面，明朝中晚期，随着商品经济的发展，人们的消费观念发生变化，表现出"争相消费""竞豪奢"的特点。弘治年间的《吴江县志》记载："习俗奢靡，愈趋愈下。庶民之家，僭用命妇服饰，加以钑花银带，恬不知愧，愚俗无知可笑也。"明代朱载堉写了一首《山坡羊·钱是好汉》，辛辣地讽刺了当时社会金钱至上的景象：

世间人睁眼观见，论英雄钱是好汉。有了他诸般趁意，没了他寸步也难。拐子有钱，走歪步合款。哑巴有钱，打手势好看。如今人敬的是有钱，蒯文通无钱也说不过潼关。实言，人为铜钱，游遍世间；实言，求人一文，跟后擦前。

另外，王阳明心学、泰州学派等学说将人们从程朱理学的禁锢中解脱出来，人们追求思想解放，张扬个性。明代文学家冯梦龙在《古今谭概》中说：

翟者年好奇，巾服一如唐人，自名唐装。一日往见许彦周。彦周鬖髻，著犊鼻裤，蹑高屐出迎。翟愕然。彦周徐曰："吾晋装也，公何怪？"只容得你唐装！

意思是，翟者年你穿唐装，就不允许我许彦周穿晋装吗？由此也可以看出，明中晚期，很多人其实内心是苦闷的，所以才通过这种穿奇装异服的方式来传递自己的价值观，表达自己的独特。以乖张的外表来掩饰内心的颓丧。"服妖"现象折射了很多社会问题，值得深思。

着女装，涂脂粉：明朝宅男圈里的怪时尚

现如今，穿裙子的多为女性，但在明朝，男人也热衷于穿裙子。除了马尾裙，男人还喜欢穿曳撒。曳撒，也称衣撒、衣色、一色、一撒，是根据元朝质孙服改良而成的。明代刘若愚在《酌中志》中描述了曳撒的样式："曳撒，其制后襟不断，而两傍有摆，前襟两截，而下有马面褶，往两旁起。"即两侧有摆，腰部以下有马面褶，两侧往衣身的方向有折褶。

曳撒还有褶子衣、贴里、程子衣等叫法。王世贞《觚不觚录》记载："袴褶，戎服也。其短袖或无袖，而衣中断，其下有横褶，而下复竖褶之。若袖长则为曳撒，腰中间断以一线道横之，则谓之'程子衣'。无线道者，则谓之'道袍'，又曰'直缀'。此三者，燕居之所常用也。迩年以来，忽谓程子衣、道袍皆过简，而士大夫宴会必衣曳撒。是以戎服为盛，而雅服为轻，吾未之从也。"可见，曳撒形制穿着舒适、便于活动，深受当时人们的喜爱。

明朝男子还有很多在今天看来很怪异的打扮。褚人获在《坚瓠集》中记载了一首歌谣："苏州三件好新闻：男儿着条红围领，女儿倒要包网巾，贫儿打扮富儿形。"戴红围领的男儿也许还真的是走在时尚的前沿。余怀《板桥杂记》记载，无锡名士邹公履在秦淮时，"头戴红纱巾，身着纸衣，齿高跟屦"，相当前卫。

明代李乐在《见闻杂记》中记录了自己进了一趟城，看到城市中的读书人装扮甚是鲜艳："熟闻二十年来，东南郡邑，凡生员读书人家有力者，尽为妇人红紫之服，外披内衣，故不论也。"李乐是传统读书人，实在忍受不了这些，回家后写下了这首诗："昨日到城郭，归来泪满襟。遍身女衣者，尽是读书人。"

真赏斋图　明　文徵明

"爱美之心，人皆有之"，男人也不例外。沈德符《万历野获编》记载，工部侍郎徐渔浦，家中有好几个大衣柜，"每客至，必先侦其服何杅何色，然后披衣出对，两人宛然合璧，无少参错，班行艳之。"每每等客人到，徐渔浦先观察客人穿什么，再赶紧换上一身和客人搭配的衣服。

　　除了穿着像女人，男人也像女人一样涂脂抹粉。《万历野获编》记载："予游都下，见中官辈谈主上视朝，必用粉傅面及颈，以表晬穆，意其言或不妄。"意思是，万历帝上朝前，都必须精心打扮一番，用脂粉抹脸。明代首辅张居正也爱打扮，"膏泽脂香，早暮递进"，每天都进行护肤。

　　大家都这么爱打扮，这可苦了原本朴素的人。明朝范濂所撰的《云间据目抄》记载："余最贫，最尚俭朴，年来亦强服色衣。乃知习俗移人，贤者不免。"即便是贤者，也很难不受世风的影响。

第六章

江山重叠争供眼：
大明的逍遥游

好游者，人之恒情也

明朝中晚期，社会上掀起一股强烈的游玩风气，人们都愿意走出去，亲近自然，享受游玩的乐趣，任性情陶冶，任闲情放肆。明末清初思想家唐甄认为："好游者，人之恒情也。"旅游要符合人的性情，所谓"天下之美观，人情之所乐"，古今相通。如果历史是一本书，翻开明朝中晚期的篇章，就会发现，很多人正行走在路上。

明代人文地理学家王士性"少怀向子平①之志，足迹欲遍五岳"，他"无时不游，无地不游，无官不游"，用二十多年的时间，走遍三山五岳，造访了两京十二省，"穷幽极险，凡一岩一洞、一草一木之微，无不精订"，著有《广志绎》《五岳游草》《广游志》等作品，详细介绍了他所访经地方的人文古迹、风土人情。王士性在《五岳游草》的序中说："吾视天地间一切造化之变，人情物理、悲喜顺逆之遭，无不于吾游寄焉。"也就是说，他的旅游侧重地理考察，或者是人文地理。王士性将人的旅游分为三个层次，即"太上天游，其次神游，又次人游"，他推崇将人置身于广阔天地间，以达到"当其意得，生死可忘，吾我尽丧"的境界。

和王士性一样，怀抱地理理想的是徐霞客。徐霞客热爱名山大川，在二十年的时间里游历了大半个中国。他不是走马观花式游玩，而是考察沿途的地理。

---

①向子平：即向长，字子平，汉代隐士，遍游山川。

带着指南回大明

游园图　明　仇英

为了心中的理想，他多次深入危险的地段，比如在武夷山狭窄的小径上艰难前行，跨越雁荡山的水涧，踏足人迹罕至的很多地方，所以他也欣赏到常人欣赏不到的美景，体味到常人体味不到的奇绝。美景在他的眼里别有韵味，所以才能写下"尽皆怪松悬结，高者不盈丈，低仅数寸，平顶短鬈，盘根虬干，愈短愈老，愈小愈奇"的黄山壮美，写下"诸峰朵朵，仅露一顶，日光映之，如冰壶瑶界，不辨海陆"的雁荡奇景。他的笔记《徐霞客游记》更成为一部记录山川水文、自然气候、植被物候、民俗风情的经典地理学著作。

明代文学家王思任也是旅游爱好者，他曾经游赏过济南、泰山、孔林、九华山、敬亭山、五台山、庐山、太湖等地，并写下了《游杭州诸胜记》《游九华山记》《游齐山记》等游记。他认为，人的旅行是受到大自然的召唤即"游唤"。一般人认为，旅游要放松身心，好好享受沿途的乐趣。但王思任却对旅游有深刻的见解，他将旅游分了二十多类，在其所撰的《游唤》中对不同类型的旅游进行了分析：

官游不韵，士游不服，富游不都，穷游不泽，老游不前，稚游不解，哄游不思，孤游不语，拖游不荣，便游不敬，忙游不谦，套游不情，挂游不乐，势游不甘，买游不远，赊游不偿，燥游不别，趋游不我，帮游不目，苦游不继，肤游不赏，限游不道，浪游不律。

官员旅游因为职责在身或有很多随从相伴，缺乏游玩雅韵；士大夫游玩多在京师，为仕途考量，很难有闲情逸趣游玩深幽的地方；富人游玩讲究排场，与自然山水不协调；穷人游玩有一些难以实现的事情，失掉了很多乐趣；老者游玩因为缺少年轻人的勇敢而裹足不前；年轻人缺乏对山川世俗深刻的了解；一群人一起游玩就不会多加思考；独游则没有可以言说之人……王思任所谓的"游"，"则酌衷于数者之间，避所忌而趋所吉，释其回而增其美"。他认为，应取多种游玩的好处，而尽量规避缺点。

张岱也是旅游达人，他经常在江南一带展开游玩活动，涉足天台山、燕子矶、虎丘等地，并记录下很多游玩的情形，让人能通过他的文字领略当时的景象。比如崇祯五年（1632年）十二月，他住在西湖附近，适逢下了三天的大雪，"湖中人鸟声俱绝"，他独自去湖心亭看雪。此时风景美如画，"雾凇沆砀，天与云、与山、与水，上下一白。湖上影子，唯长堤一痕，湖心亭一点，与余舟一芥，舟中人两三粒而已"。相遇的人也刚好是对的人，湖心亭上有两人铺毡对坐，还有一童子烧酒，他们看到张岱，非常高兴地说："湖中焉得更有此人！"三个人举杯痛饮。临走时，他听到舟中人的喃喃之语："莫说相公痴，更有痴似相公者。"

张岱写下《陶庵梦忆》《西湖梦寻》《夜航船》等，大概就是因为他是痴人，流连往昔，只愿长醉不愿醒。这样的人游玩，自然因人的见识、修养、底蕴不同而能生出不同的情味来。

很多人游玩都要留下痕迹，特别是一些文人，将出游看成是风雅的事情，比出游更风雅的事情就是写游记。明代顾起元《客座赘语》记载，榜眼余梦麟为自己所游览的南京名胜二十多处都赋诗纪念，并且邀请焦竑、朱之蕃先后二位状元公与探花顾起元一同唱和，把这些诗作汇集一册，名为《雅游篇》，刊行于世。朱之蕃"搜讨记载，共得四十景，属陆生寿柏策蹇浮舫，躬历其境，图写逼真，撮举其概，各为小引，系以俚句"，最后编成了《金陵四十景图考诗咏》，一时传为美谈。

还有许多人留下了旅游攻略，比如明代戏曲家高濂在《四时幽赏录》中分享了西湖四季的游玩攻略，视角独特，名字听起来就已足够雅致了：

春时幽赏：孤山月下看梅花、八卦田看菜花、虎跑泉试新茶、保俶塔看晓山、西溪楼啖煨笋、登东城望桑麦、三塔基看春草、初阳台望春树、山满楼观柳、苏堤看桃花、西泠桥玩落花、天然阁上看雨。

　　夏时幽赏：苏堤看新绿、东郊玩蚕山、三生石谈月、飞来洞避暑、压堤桥夜宿、湖心亭采莼、湖晴视水面流虹、山晚听轻雷断雨、乘露剖莲雪藕、空亭坐月鸣琴、观湖上风雨欲来、步山径野花幽鸟。

　　秋时幽赏：西泠桥畔醉红树、宝石山下看塔灯、满家衖赏桂花、三塔基听落雁、胜果寺月岩望月、水乐洞雨后听泉、资严山下看石笋、北高峰顶观海云、策杖林园访菊、乘舟风雨听芦、保俶塔顶观海日、六和塔夜玩风潮。

　　冬时幽赏：湖冻初晴远泛、雪霁策蹇寻梅、三茅山顶望江天雪霁、西溪道中玩雪、山头玩赏茗花、登眺天目绝顶、山居听人说书、扫雪烹茶玩画、雪夜煨芋谈禅、山窗听雪敲竹、除夕登吴山看松盆、雪后镇海楼观晚炊。

　　旅游有诸多益处，不仅能陶冶身心，增广见闻，还能结识更多的朋友，比如明代徽州商人方用彬就获得"交游半海内，声誉满长安"的美誉。或是放浪形骸之外，或是寄情山水之间，旅游让明朝人体味到前所未有的逸趣。

天下学问，唯夜航船中最难对付

　　张岱说："天下学问，唯夜航船中最难对付。"为什么？因为夜航船中的村夫俗子，他们的学问都是预先准备好的，比如什么瀛洲十八学士、云台二十八将之类，如果回答者说错一点儿，他们就"掩口笑之"。他讲了一个故事，一个僧人和一个士子同宿夜航船。士子高谈阔论，僧人感觉很畏慑，便握着拳睡觉。僧人听到士子说话有破绽，就问他："请问相公，澹台灭明是一个人、两个人？"士子说："是两个人。"僧人又问："这等尧舜是一个人、两个人？"士子回答："自然是一个人！"僧人笑着说："这等说起来，且待小僧伸伸脚。"

　　张岱所说的夜航船是明朝的一种交通方式，如果想要旅行，乘坐这种船，

76　　　　　　　　　带着指南回大明

一定要提前学习文化知识和历史常识，不然就会被船上的人取笑。明末陶琰在《游学日记》中记录自己的游学经历，其中有关于航船的记录：

> 绍兴夜船从其宅前行，遂跨船，客甚稀。初十日，午间渡钱塘……入长安坝船。十一日，早入嘉兴船，黄昏始至，投饭店。十二日，入青浦船。

由此可以看出，在江南地区，船行非常方便。其实不光是江南地区，其他地区也很便捷。明代科学家宋应星在《天工开物》中称赞当时的交通"滇南车马，纵贯辽阳，岭徼宦商，横游蓟北"。明朝有很多专著来记录明朝的水路通道，诸如《天下路程图引》《寰宇通衢》《一统路程图记》。举其中一例，《一统路程图记》就对大明驿站的名称、各地之间的距离、道路的起讫分合、行路风险、治安情况、牙行品行、名胜古迹等均有记录。《一统路程图记》由黄汴用时二十七年完成，可谓字字辛苦。明代藏书家吴岫对其赞不绝口："士大夫得之，可为四牲览劳之资；商贾得之，可知风俗利害，入境知禁，涉方审直，万里在一目中，大为天下利益，实世有用之书"。此外，明朝还产生了专门的旅游地图，诸如《广舆图》《今古舆地图》《地图综要》等。这些专著的出版，为旅行者提供了极大的方便。

如果不想乘船，那么可以租车马出行。明代文学家袁宗道去小西天①，就使用马作为交通工具，"马行山麓，上广下削，若走屋廊间"。如果遇到一些短程距离，还可以乘坐小型交通工具，比如明代画家陆治的《支硎山图》中，就有登山旅游者雇用的舆夫和肩舆。

旅行者住宿，往往能找到合适的旅店。张岱在《陶庵梦忆》中记载了泰安的店面，"未至店里许，见驴马槽房二三十间；再近，有戏子寓二十余处；再

---

① 小西天：又名千佛庵，位于山西省临汾市隰县，是一座佛教禅宗寺院，建于明代崇祯年间，初因大雄宝殿内有千尊佛像而得名，后为区别城南寺院"大西天"，而更名为"小西天"。

近，则密户曲房，皆妓女妖冶其中"。连张岱看到泰山边上有如此不凡的旅店也感叹"余谓是一州之事，不知其为一店之事也"。在这样的店中，有"演戏者二十余处，弹唱者不胜计。庖厨炊爨亦二十余所，奔走服役者一二百人"。

泰山之所以有如此豪华的客店，与泰山旅游人数众多有直接关系。张岱的《琅嬛文集》记载："客有上中下三等，出山者送，上山者贺，到山者迎。客单数千，房百十处，荤素酒筵百十席，优僮弹唱百十群，奔走祗应百十辈，牙家十余姓。"可见，每天在泰山游玩的人数之多。

除了豪华客店，大明还有许多小旅馆。明代诗人田四科写了一首《旅馆》来描述自己客居旅馆的心情：

> 旅馆清尊日复斜，鹧鸪啼处客思家。
> 晚来墙角胭脂雨，落尽山桃满树花。

徽商程春宇所辑的《士商类要》还记载了从杭州到普陀山的水路，客人只需要付给船家一定的钱，就可以享受来回接送的服务，船家还提供一些饮食。总而言之，明朝中后期出行人多，旅游业也较为发达。明朝人早已意识到旅游有利于拉动经济的发展，王士性在《广志绎》中写道："游观虽非朴俗，然西湖业已为游地，则细民所藉为利，日不止千金。有司时禁之，固以易俗，但渔者、舟者、戏者、市者、酤者咸失其本业，反不便于此辈也。"可见在明朝，完全可以来一场说走就走的旅行。

郑和下西洋，气势有多强

六百多年前，素有"天下第一港"之称的江苏太仓刘家港码头人声鼎沸。港口挤满了密密麻麻的人，在一艘昂首翘尾、漆成棕黑色的宝船上，一位男子凝视着苍茫的大海，目光深邃而坚定。这个人便是大名鼎鼎的郑和。

《明史》记载，永乐三年（1405 年）六月十五日，郑和第一次下西洋的时候，踏上这次征途的有包括官校、旗军、勇士、士民、买办、书手在内的约 2.8 万人，大宝船 62 艘，粮船、水船等中小型船只二百余艘。"云帆高张，昼夜星驰，涉彼狂澜，若履通衢"，郑和所率领船队的规模在航海史上可谓史无前例。

他们此行从苏州刘家河泛海到福建，再从福建五虎门扬帆，到达占城（今越南中南部），之后又去了爪哇、苏门答腊、锡兰山（今斯里兰卡）、印度西海岸的柯钦以至古里（今印度西南部喀拉拉邦的科泽科德一带）等地。其中，在爪哇时，恰逢爪哇内战，郑和队伍中有一百七十多人被西爪哇人杀害，郑和并没有贸然使用武力解决问题，而是以和平的方式解决，"帝赐敕切责之，命输黄金六万两以赎"。需要说明的是，永乐六年（1408 年），郑和再去爪哇时，"西王献黄金万两，礼官以输数不足，请下其使于狱。"这时候明成祖展现了大国风

郑和宝船复原模型

度，他说："朕于远人，欲其畏罪而已，宁利其金耶？"他将这些钱"悉捐之"。明成祖重在宣扬国威，而不是吝惜钱财。郑和此行，还擒获海盗陈祖义等三个匪首，杀贼党五余人，烧贼船十艘，获其七艘及伪铜印两颗。

永乐五年（1407年），郑和第二次航行。此行主要是送外国使臣回国，并访问了占城、爪哇、暹罗等国。郑和还给锡兰山佛寺布施了金银织金、纺丝宝幡、香炉花瓶、表里灯烛等物，并立碑记录下这件事情。

永乐七年（1409年），郑和第三次航行。经过占城、真腊、暹罗等地，其间，遭遇锡兰山国王亚烈苦奈儿的诱骗和围攻，郑和大破敌军，生擒亚烈苦奈儿。

永乐十年（1412年），郑和第四次航行。这次他们绕过阿拉伯半岛，抵达东非。麻林国还派使者进献"麒麟"，也就是长颈鹿。

永乐十四年（1416年），郑和第五次航行，访问了东非木骨都束、卜剌哇、麻林等国。

永乐十九年（1421年），郑和第六次航行，送十六国使者回国，途经土著小国，各国的商人也和郑和的船队进行商品交换。

宣德五年（1430年），郑和第七次，也是最后一次航行。返程途中，郑和病逝于古里国。

可能有人要问，郑和下西洋的目的是什么？为什么要派遣郑和下西洋？

《明史》记载："成祖疑惠帝亡海外，欲踪迹之，且欲耀兵异域，示中国富强。"一是明成祖担心建文帝逃亡海外，派郑和暗中寻找；二是成祖为了宣扬国威，示大明富强。明史学会副会长方志远教授认为："郑和下西洋是明朝靖难之役后的一种惯性。"靖难之役后，战争结束了，但是士兵想要获得荣誉，明朝一时又难以处理好这么多支军队的后续问题，所以郑和所率领的军队投入航海事业。

郑和具备杰出的军事才能，立过赫赫战功，深得明成祖朱棣的信任。而且郑和还有伊斯兰教背景，非常适合执行下西洋的任务。

郑和在《天妃灵应之记》碑文中记载："自永乐三年奉使西洋，迨今七次，所历番国，由占城国、爪哇国、三佛齐国、暹罗国，直逾南天竺、锡兰山国、古里国、柯枝国，抵于西域忽鲁谟斯国、阿丹国、木骨都束国，大小凡三十余国，涉沧溟十万余里。"总而言之，郑和七下西洋，足迹遍布西太平洋和印度洋的三十多个国家和地区，包括越南、菲律宾、马来西亚、新加坡、印度、伊朗、沙特阿拉伯等地，最远抵达红海和非洲沿岸。从航行的距离以及航海的时间来说，郑和下西洋的壮举绝对是空前的。柏杨先生曾说："郑和是中国第一位航海英雄。他下西洋，跟公元前二世纪张骞出使西域一样，都是为中国凿开了一个过去很少人知道的混沌而广大的天地。"

更难能可贵的是，明成祖朱棣曾下旨："今特遣郑和赍敕，普谕朕意，尔等祗顺天道，恪遵朕言，循礼安分，毋得违越，不可欺寡，不可凌弱，庶几共享太平之福。若有撄诚来朝，咸锡皆赏。"郑和率领百艘战舰和富有战斗力的士兵航行于太平洋与印度洋，没有横行霸道，反而以和平的态度积极与各国交往。晚郑和半个多世纪的哥伦布，发现美洲新大陆，从此欧洲开启大航海时代，西方国家开始血腥的殖民掠夺。相较之下，郑和下西洋睦邻友好的行动值得每个中国人自豪。

英国著名科技史学家李约瑟博士在《中国科学技术史》一书中评价郑和下西洋的壮举："在15世纪上半叶，在地球的东方，从波涛万顷的中国海面直到非洲东海岸的辽阔海域，呈现出一幅中国人在海上称雄的图景。"郑和到访三十多个国家，宣扬中华文明，与诸国进行贸易往来。各国也纷纷派遣使者入京朝贡，以求得到大明的庇护。在郑和的努力下，大明声名远播海外，亚非国家的使臣来大明朝贡三百多次，"诸蕃使臣充斥于廷"，这足见大明的强盛。

拼此生住舟中：袁中道的旅游"房船"

袁中道，字小修，号凫隐居士，湖北公安人，他和两位兄长袁宗道、袁宏道并称为"公安三袁"。袁宏道在《叙小修诗》中描述自己的弟弟"少也慧，独喜读老子、庄周、列御寇诸家言，皆自作注疏，多言外趣"。等到袁中道长大了，"胆量愈廓，识见愈朗"，他自命豪杰，看不惯乡里那些庸俗的人，不愿意与他们居住在一起，便泛舟西陵，走马塞上，穷览天下，诗文也日渐精进。

志气颇高的袁中道十六岁便中了秀才，但是之后的科考道路一直不顺利。屡试不中的他寄情山水，四处游历。有一次落第，袁中道感叹："念泛泛一凫，何所不适，而自苦如此？"哥哥袁宏道也安慰他："……劳苦不堪，舍之又不能，真是前生业缘。"

袁宏道说，人生有五种快活，其中第四种就是"千金买一舟，舟中置鼓吹一部，妓妾数人，游闲数人，泛家浮宅，不知老之将至"。而弟弟袁中道真正践行了第四种快活。袁中道说自己"生平有山水癖，梦魂常在吴越间"，所以他经常乘舟出行，纵情湖光山色间。他在《游居柿录》中记述了吴越山水：

> 一者，名山胜水，可以涤浣俗肠。二者，吴越间多精舍，可以安坐读书。三者，学问虽入信解，而悟力不深，见境生情，嶇途成滞处尚多；或遇名师胜友；借其雾露之润，胎骨所带习气，易于融化，比之降服禁制，其功百倍。此予之所以不敢怀安也。

在名山胜水中涤荡俗肠，在精舍中静心读书，在交往识见中将学到的知识内化为自己的学识。

万历三十六年（1608年），袁中道决定远游，八舅龚静亭建议："远游原不为名利之事所迫，不若从水为便。但走水路不如自己买一条船。住在船上，随水漂泊。哪里的风景好，就在哪里盘桓，不受船夫的催促。"不为名利的行游，可以自己买一艘船，遇到朋友或者想要涉访的山水，可以随便停，随心所欲，不被同行的人催促。此时舅舅很慷慨地说："我有一舟，系我自作，极其坚固。长年又系我熟用者，今以付甥。"

次年，袁中道在沙市买了一条木船，"宽敞可贮书画"，他想要效仿屈原，"泛泛若水中之凫，与波上下，偷以全吾躯"，于是给船取名"帆凫"。帆凫是一座楼船，"一敞者，载粮食，宿仆从；一自居，贮书画，及一二宾客，鼓吹一部。往来烟云间，二三十年足矣。"一层放粮食住仆从，另一层自己居住，放置书画，延请宾客。这一次舟行，他游览了赤壁古战场、华容道、黄鹤楼、金陵等地，所遇的碑刻、发帖都了然于胸。

袁中道和哥哥袁宏道关系很好，袁宏道曾写文评述弟弟袁中道：

盖弟既不得志于时，多感慨；贫复不任贫，病复不任病，故多愁。愁极则吟，故尝以贫病无聊之苦，发之于诗，每每若哭若骂，不胜其哀生失路之感。予读而悲之。大概情至之语，自能感人，是谓真诗，可传也。而或者犹以太露病之，曾不知情随境变，字逐情生，但恐不达，何露之有？且《离骚》一经，忿怼之极，明示唾骂，安在所谓怨而不伤者乎？穷愁之时，痛哭流涕，颠倒反覆，不暇择音，怨矣，宁有不伤者？且燥湿异地，刚柔异性，若夫劲质而多怼，峭急而多露，是之谓楚风，又何疑焉？

从上文中可以看出，袁宏道是多么理解弟弟并以其为傲。

袁宏道于万历三十八年（1610 年）病逝，这对袁中道无疑是个巨大的打击。痛失兄长的袁中道悲恸过度，隐居修行，不再游历。但是他并没有放弃科考，直到万历四十四年（1616 年），他才考中进士。

纵观袁中道的一生，前半生自视甚高，自命不凡，但科举却给了他接二连三的打击。退休还是隐居成为他思考的问题。他曾购得一处房产"杜园"作为退养之所。他一次次问自己："人生果何利于官，而必为之乎？"他曾在万历三十八年（1610年）的科举落第后，备受打击地对哥哥袁宏道说："今弟年亦四十余，升沉之事，已大可见，将从此隐矣。"但是，他真的甘心吗？

袁中道享受过休闲游逸的生活，他登临古迹，吊唁古人，凭古望远，完成了多少忙碌的仕宦之人无法完成的事情，他也曾享受过秦淮脂粉的追捧，"词客三十余人大会秦淮水阁"的盛景。他经常悔恨自己名利根未断，但也放弃不了纵情山色间。他发誓说自己要"拼此生住舟中，舟中即家"，但又一次次上岸奔赴科考。

所幸，袁中道终于实现了梦寐以求的愿望，过去种种不甘都已然当下，生命完成了完美的闭环。

汪汝谦与西湖长相厮守

西湖虽仅是一方山水，但似乎和文人风雅从未脱离关系。仿佛哪里有西湖，哪里就有风韵与雅致；哪里有西湖，哪里就有文人酬唱与闲情雅事。就风韵逸事来说，杭州西湖、惠州西湖、扬州瘦西湖都在历史的长河中留下浓墨重彩的一笔，其中杭州西湖留下的印记最为深刻。

晚明时期，士人注重游玩享乐，追求山水之乐是他们寄情的突破口。富商汪汝谦就是如此，他虽为富商，但并非暴发户，身上有士人的标签。他不仅精通金石之学，对诗文、音律也有很深的造诣。他与当时的很多名流与歌妓都有交往，"与董其昌、文徵明、陈继儒、钱谦益诸公相友善"。他与柳如是也是至交好友。《歙县志》称赞他"轻财乐施，族戚待爨者数百人。明末避地武林，为风雅领袖"。

风雅领袖，汪汝谦当之无愧。汪汝谦年少时，就经常流连于扬州、苏州、南京等地，与各地名流吟诗作对、狂歌痛饮。而西湖相较于秦淮河等地，更为静谧雅致，是陶冶性情的不二之选。汪汝谦特别喜欢西湖，少年时期，曾寓居在西湖，与当时在西湖的文人雅士交往颇深。

天启三年（1623年），汪汝谦制造了一艘木舟，陈继儒为其命名"不系园"。汪汝谦在这艘木舟上度过了很多美好的时光。纵情山水，在云水间逍遥此生，是汪汝谦的信仰。他作《不系园记》，详细地记录了他制作"不系园"的动机与过程：

癸亥夏，偶得木兰一本斫而为舟，长六丈二尺，广五之一。入门数武，堪贮百壶，次进方丈，足布两席。曲藏斗室，可供卧吟，侧掩壁厨，俾收醉墨。出转为廊，廊升为台，台上张幔，花晨月夕，如乘彩霞而登碧落。若遇惊飙蹴浪，敧树平桥，则卸栏卷幔，犹然一蜻蜓艇耳。中置家僮二三擅红牙者，俾佐黄头以司茶酒。客来斯舟，可以御风，可以永夕，远追先辈之风流，近寓太平之清赏。陈眉公先生题曰"不系园"，佳名胜事，传异日西湖一段佳话。岂必垒石凿沼围邱壑而私之，曰"我园我园"也哉？

汪汝谦偶得一棵木兰，制成舟船以供游玩。有客人来此船，"可以御风，可以永夕，远追先辈之风流，近寓太平之清赏"，他认为"不系园"与文人在此行雅集之乐，乃佳名胜事，是西湖的一段佳话，如今看来，皆已被其料中。汪汝谦的小艇"随喜庵""观叶""小团瓢""雨丝风片"以及西湖的其他船，如"半湖春""摇碧斋""四壁花""宜春舫""十丈莲""烟水浮家""小天随"等，都可以用来休憩游玩，但是像"不系园"这样有廊有台的几乎没有。他认为，这么美好的事物，应该与人分享，而不应该仅为自己享受，说"我园我园"的话。黄汝亨为其作《不系园约款》，标以十二宜九忌，以阻挡那些附庸文雅的俗人：

荷亭消暑金笺　明　仇英

十二宜云：名流、高僧、知己、美人、妙香、洞箫、琴、清歌、名茶、名酒、肴不逾五簋、却驺从。

九忌云：杀生、杂宾、作势轩冕、苛礼、童仆林立、俳优作剧、鼓吹喧填、强借、久借。

　　很多文人雅士都是不系园的座上客。陈继儒、钱谦益、黄汝亨、吴孔嘉等名人雅士往来酬唱，为一时之盛。汪汝谦自述："年来寄迹在湖山，野衲名流日往还。弦管有时频共载，春风何处不开颜。情痴半向花前醉，懒癖应知悟后闲。种种尘缘都谢却，老枕一航水云间。"

　　"随喜庵"是汪汝谦后来建造的。但崇祯年间，"魏党以老魅盗国"，想要在舟中安享山水之乐已成奢望，"湖山净土几化为腥秽不韵之场"。即便有随喜庵的存在，也"难系春光画阁前"。西湖往日交往的辉煌似乎已经成为绝唱，"把酒暂相怜此日，看花谁不忆当年"。汪汝谦在旧情旧事中竭力恢复以往诗词交游的盛景，"莫讶残香零落尽，迎风荷叶又田田"。而今盛况不再，但相信终有一天还可以绚烂生姿。

　　尽管汪汝谦曾竭力恢复往日的盛景，也致力于恢复很多西湖的遗迹，但对西湖爱得深沉的他也不得不面对山河凋零的现实。"浪游南北泣穷途，触目萧条到处同。客里萦怀多感慨，病中回首总成空。"国将不存，面对着满目萧条的景象，他的心也倍加凄惶。寄情山水竟成回不去的旧时光。

入清后，汪汝谦继续奋斗在西湖，恢复西湖的自然景色和人文韵事，但往往事与愿违。不系园"乱后重新，每为差役，不能自生"，他的家财也已散尽，"晚景凄凉"四个字常常回荡在他的心上。他想要的划一叶扁舟、邀好友共聚，饮酒作诗、弹琴赏湖，逍遥恣肆，在山水间往来，与天地竞自由的美好愿景，终成奢望。尽管清顺治六年（1649年），汪汝谦的儿子汪继昌考中进士，家族又恢复了生机，但如先前不系舟般文化与交友的盛景，再难重现。

汪汝谦的一生，慷慨任侠，援助过许多歌妓、文人，更以东道主的身份为许多文人提供诗词交往的场所。但他想要的与人相适，与时相忘的理想更像是末世的忘情之举，很难长久。即便山河离乱，他的心应该会时刻想起西湖的盛事。他的不系舟似乎是个谶语，身如不系之舟，却与西湖长相厮守。

芳原绿野恣行事：明人郊游之风

长途旅行需要花费很久的时间，路途上又有很大的不确定性，实现起来比较困难，所以明朝更多的人选择郊游。特别是明朝中晚期，郊游之风特别兴盛。袁中道在《西山十记》中记载了西山的一处景观："每至盛夏之日，芙蓉十里如锦，香风芬馥，士女骈阗，临流泛觞，最为胜处矣。"盛夏时节，人们纷纷前来游玩赏景。明代王士性在《广志绎》中记载了都城百姓一年四季的游玩情形：

都人好游，妇女尤甚。每岁，元旦则拜节。十六过桥走百病，灯光彻夜。元宵灯市，高楼珠翠，毂击肩摩。清明踏青，高粱桥盘盒一望如画图。三月东岳诞，则耍松林，每每三五为群，解裙围松树团坐，藉草呼卢，虽车马杂沓过，不顾。归则高冠大袖，醉舞驴背，间有坠驴卧地不知非家者。至中秋后游踪方息。

张岱在《陶庵梦忆》中记录了明朝虎丘中秋节热闹的情景，当地居民、客居苏州者、士大夫和亲眷家属、女乐歌姬、名妓戏婆、民间少妇妙女，乃至放荡恶少、清客帮闲、奴仆和骗子等人都会集于此。上从生公台、千人石、鹤涧、剑池、申文定祠，下至试剑石、第一道山门和第二道山门，都挤满了人，人们都铺着毡席地而坐，或登高远眺，"如雁落平沙，霞铺江上"。等到月亮上来，各种表演争相上演："鼓吹百十处，大吹大擂，十番铙钹，《渔阳掺挝》，动地翻天，雷轰鼎沸，呼叫不闻。更定，鼓铙渐歇，丝管繁兴，杂以歌唱，皆'锦帆开，澄湖万顷'同场大曲，蹲踏和锣丝竹肉声，不辨拍煞。"这样的欢愉景象直到深夜，人们才渐渐散去，但是他们不是回去睡觉，而是继续游戏。士大夫眷属都乘船戏水嬉戏，"席席征歌，人人献技，南北杂之，管弦迭奏，听者方辨句字，藻鉴随之"。到了二更天，只有几处吹洞箫的人演奏，哀涩清绵。到了三更天，人们大多散去，有一个人高坐石上，朗声唱起来，"声出如丝，裂石穿云，串度抑扬，一字一刻"，听着屏息注目，"心血为枯，不敢击节，唯有点头"。这时候，"雁比而坐者，犹存百十人焉"，可见当时苏州的中秋夜多么热闹。

明代张瀚在《松窗梦语》中记录了西湖的热闹景象："阖城士女，尽出西郊，逐队寻芳，纵苇荡桨，歌声满道，箫鼓声闻。游人笑傲于春风秋月中，乐而忘返，四顾青山，徘徊烟水，真如移入画图，信极乐世界也。"以上足可见郊游的流行。

明朝人郊游时会带一些物品，张岱在《游山小启》中介绍了自己出游要带的物品："备小船、坐毡、茶点、盏箸、香炉、薪米之属，每人携一篮一壶二小菜。"既要带一些茶点饮食，还要带盏箸之类的器具，坐毡和香炉也是必备品。

钱塘茶人许次纾在其所著的《茶疏》中"游山具"条记载："备诸器具，精茗名香，同行异室，茶罂一，注二，铫一，小瓯四，洗一，铜炉一，小面洗一，由副之。随以香奁小炉香囊七箸以为丰肩，薄瓷贮水三十斤，为半肩足矣。"这套游山器具充满了巧思，可以装下如此多的物品。

明朝人出行还会带一些坐具，诸如毛毡之类和桌子。叠桌就是一项伟大的

松溪论画图　明　仇英

发明。明代屠隆在《考槃馀事》中对"叠桌"进行了详细的描述，一张可以做餐桌，"作二面折脚活法，展则成桌，叠则成匣，以便携带。席地用此抬合，以供酬酢"。另外一张可以做供桌，"以水磨楠木为之，置之坐外，列炉焚香，置瓶插花，以供清赏"。一张负责实用，一张负责风雅。

不过最会玩的还要数高濂。他在《遵生八笺》中列出了去山上游玩夜宿所需携带的物品清单：

途利文具匣一，内藏裁刀、锥子、挖耳、挑牙、消息，又修指甲刀、锉、发刷等件。酒牌一，诗韵牌一，文诗简一：内藏红叶或笺以录诗。下藏梳具匣者，以便山宿。外用关锁以启闭。携之山游，似亦甚备。

高濂还改良了"提盒"，使其成为高档保温餐篮，提盒分上、下两层，上面有六个格子，"以四格，每格装碟六枚，置果殽供酒觞。又二格，每格装四大碟，置鲑菜供馔箸"；下面是小仓，"装酒杯六、酒壶一、箸子六、劝杯二"，而且提盒携带方便，"远宜提，甚轻便，足以供六宾之需"。他甚至还制作了"提炉"，可以随身携带，十分方便。

外出郊游，有的人喜欢结伴而行。嘉靖年间《夏邑县志》记载，弘治初年，"邑之致政耆德者，曰参政金釪，副使杨德，知县刘恭、朱鉴、刘铨，县丞刘安，教谕闪贤，义官朱理，医官王淳，孝官徐铭，咸以齿德俱隆，效唐香山九老、宋睢阳五老故事，为真率会，奕（弈）棋、弹琴、赋诗、唱酬，时形图绘，用彰其盛"。他们经常一起出游，对夏邑的景色大加赞赏，在他们的首倡之下，"栗城十景"诞生：泮沼晴波、隋堤烟柳、巴河晚渡、黄堌春耕、耿祠夕照、慈寺晨钟、会亭春霁、黄冢秋风、白河烟雨、平台夜色。

嘉靖年间，钱塘进士方九叙在《西湖八社诗帖》的序中说："夫士必有所聚，穷则聚于学，达则聚于朝，及其退也，又聚于社，以托其幽闲之迹，而忘乎阒寂之怀……古之为社者，必合道艺之志，择山水之胜，感景光之迈，寄琴爵之乐，爰寓诸篇，而诗作焉。"

万历年间，茅元仪在南京召集"秦淮大社"。明末遗民张怡《玉光剑气集》记载："尽四方之词人墨客，及六院之歌儿舞女，无不集也。分朋结队，展转相邀，倾国出游，无非赴止生之社者。于是止生之名大噪。"

但是有的人就不喜欢凑热闹，他们出游往往避开人群密集的地点和时间，比如袁中道记载自己登燕子矶时，"是日相传为壮缪生辰，倾国士女，皆来谒神。予趁游人未集，登燕子矶，拾级而上，攀朱栏登亭，大江萦绕，一拳峙水端"，错峰出行，才能享受清幽的环境，否则就成看人海了。

明代谭元春曾阐述自己的旅行理念："游他山人迹不接，从本路出入，稍曲折焉，即幻矣。此山有级有锁镶、有縆，以待天下人，如人门前路，天下人咸来此山如省所亲。足足相蹑，目目相因，请与师更其足目，以幻吾心。"明代诗人顾起元与谭元春是英雄所见略同，他们都不喜欢扎堆儿，顾起元表示："余性好山寺，每一游历，意辄欣然，尤于荒凉岑寂之区，倍为延伫。"

备好出行用品，约上三五好友，也来一场诗意风雅的郊游吧！

第七章

『帝乡』不可期：

生在皇室的荒唐与辛酸

被关五十五年禁闭，皇子朱文圭有多悲催

明朝的第二任皇帝建文帝朱允炆在位期间削藩，引起诸王不满，燕王朱棣起而反抗，以"清君侧"的名义发动靖难之役，最终于建文四年（1402年）攻破南京城。城破后，建文帝下落如何已经成谜，《明实录》记载：

> 遂阖宫自己焚燃。上望见宫中烟起，急遣中使往救，至已不及，中使出其尸于火中，还白上，上哭曰，果然，若是痴呆耶！

《明史》记载：

> 宫中火起，帝不知所终。燕王遣中使出帝后尸于火中，越八日壬申葬之。

一种说法是建文帝和皇后烧死于大火中。另一种说法是建文帝流落民间。《明实录》记载，张居正曾说："国史不载此事，但故老相传，言建文当靖难师入城，即削发披缁从间道走出，人无知道。"建文帝与马皇后的儿子太子朱文奎此时已经七岁，也不知所终。少子文圭此时才两岁，被朱棣幽禁在中都，也就是凤阳广安宫，号为建庶人。

自古成王败寇，建文帝作为失败者也曾与自己的叔叔斗上一斗，但年仅两岁的朱文圭何其无辜，要为这场失败买单，终生被圈禁在广安宫。

明英宗朱祁镇在土木堡之变中被瓦剌俘虏，之后辗转回到大明，这时他的弟弟朱祁钰已经坐稳了皇位。朱祁钰为了自己的地位不受威胁，尊英宗朱祁镇为太上皇，囚禁于南宫之内。英宗在南宫渡过七年的悲惨生活，受尽冷眼与苛待。等到他发动夺门之变夺回皇位后，想起了和自己有同样遭遇的建庶人朱文圭，决定将他释放。尽管此事遭到一些大臣的反对，但英宗还是在得到太后的应允后释放了朱文圭。英宗坦然地说："有天命者任自为之。"大学士李贤称赞英宗"此尧、舜用心也"。

得到消息的朱文圭"且悲且喜"，很难想象他当时到底经历了怎样的情绪变化，我们只能从这四个字想想他当时的情形。《明实录》记载，英宗下令：

> 每月令所司支与食米二十五石、柴三十斤、木炭三百斤；听于军民之家自择婚配；其亲戚许相往来；其余闲杂之人并各王府不许往来；交通若因衣服、饮食之类许出街市交易买卖。差出内使鲁博、黄父住、刘敬、潘成、赵玉、韦州就与庶人看守门户、出入使令尔。春等须要照顾防闲，令其安分守法。亦宜以礼优待，毋得忽慢。庶副朕眷念宗室之意。

英宗不仅赏赐他财物，还允许他自由缔结婚姻，自由出入街市，要求有司以礼优待，不可怠慢。这对于朱文圭一家来说已是莫大的幸福。只可惜，此时朱文圭已经被拘禁了五十五年，出来没多久就去世了，他悲情的一生也落幕了。

公主守活寡、宦官揍驸马：可怜的千金之"屈"

在明朝前期，为了稳定朝局，驸马多选勋贵子弟，"亲王纳功臣之女，公主配大臣之子，未有疏忌之嫌也"。比如，朱元璋将临安公主嫁给韩国公李善长的长子李祺，将寿春公主嫁给颍国公傅友德之子傅忠，将永嘉公主嫁给武定侯郭英的儿子郭镇。随着时间的推移，大明的统治越来越稳固，皇帝又考虑到外戚干政的危害性，所以选驸马的标准变了，王世贞《弇山堂别集》记载："本朝公主，俱选庶民子貌美者尚之，不许文武大臣子弟得预"，也就是拒绝"强强联姻"，选没有势力的庶民，但是容貌必须好。

既然选驸马的标准定了，那如何才能从民间选出驸马呢？《明史》记载：

> 凡选驸马，礼部榜谕在京官员军民子弟年十四至十六，容貌齐整、行止端庄、有家教者报名，司礼内臣于诸王馆会选。不中，则博访于畿内、山东、河南。选中三人，钦定一人，余二人送本处儒学，充廪生。

《大明集礼》记载：

> 凡遇公主长成，当择婚配。圣旨下礼部，榜谕在京官员军民人等，有子弟年若干岁，容貌齐整，行止端庄，父母有家教者，许于部报名赴内府选择。本部先将报到子弟拣选，请命司礼监于诸王馆会选。

由礼部出具榜文，宣告天下遴选驸马的标准，要求在京官员军民子弟，年龄十四到十六岁，容貌齐整，举止端庄，有家教的人都可以报名参加。先由礼部选，然后由司礼监在诸王馆会选。如果司礼监的人都看不上相不中，就把选驸马的范围扩展到畿内、山东、河南。总之，这个程序要选出三个，最终由皇帝、后妃或者太后等公主的长辈钦定一人，最终为三进一。

不难看出，司礼监太监也在遴选驸马的过程中起到很重要的作用。正直的宦官尽心尽力，为公主挑选乘龙快婿；但是品行不端的宦官，遇到有钱人贿赂，那他推荐的驸马就值得商榷了。比如，明宣宗宣德二年（1427 年），司礼监太监侯泰"奉命于直隶选驸马，擅作威福，凌虐职官，杖义勇前卫经历董纯至死，

秋江卷（局部） 明 周之冕

又受罪人赃贿"。

纵观整个大明，受蒙蔽被骗婚的皇室公主还真的不少。沈德符《万历野获编》记载，明孝宗弘治八年（1495年），"内官监太监李广受富民袁相重贿，选为驸马，尚德清公主"。后来，有人告发了李广收受袁相贿赂的事，明孝宗立马下旨严查，命令再选一个驸马出来。

嘉靖帝也同样被人蒙骗，在为永淳公主选驸马的时候，"时永清卫军余[1]陈钏名在第三，上亲定为驸马矣"。本来好好的一个女婿，却被余德敏告发，原来"钏父本勇士，家世恶疾，母又再醮庶妾，不可尚主"。驸马的家族有恶疾，母亲又是一个再婚的小妾，嘉靖帝自然不愿意自己的妹妹嫁给这样的人。所以下令再重新选。结果选中了谢诏，这时民间有《十好笑》的歌谣，末句就是讽刺谢诏："十好笑，驸马换个现世报。"为什么是现世报呢？原来谢诏这位精挑细选出来的驸马，竟然是个秃顶，"盖谢秃少发，几不能缩髻，故有此讥"。

---

[1]军余：未取得正式军籍的军人。

永淳公主看到这样的驸马，心情别提多复杂了。因为本来选驸马入选的三个人中，有一个叫高中元的人，"风骨秀异"，是个美男子。驸马落选后，高中元"归之次年，即以礼经魁其乡"。高中元不仅长得帅，还有才华。永淳公主听说高中元"高才貌，又未娶登贤书"，对高中元好感日增。高中元还十分争气，"又数年而成进士高第，居词林有盛名"。永淳公主内心是无比后悔。

驸马谢诏想了一个主意，邀请高中元来家中赴宴，让永淳公主看看高中元的神姿。"高时已伟躯干，美须髯，俨然河北伧父，无复少年姿态"，高中元此时胡子拉碴，看上去有些粗俗，永淳公主大失所望，和驸马感情日笃。

与永淳公主相比，明神宗的妹妹永宁公主更为不幸。明神宗在为妹妹选驸马的时候，由于太监冯保收受了梁家的贿赂，所以极力推荐梁邦瑞，其实梁邦瑞是个病秧子，"其人病瘵羸甚，人皆危之"。皇帝和太后都被冯保蒙蔽了。大婚当日，梁邦瑞"鼻血双下，沾湿袍袂"，差点就没完成典礼仪式。这时，太监竟然说这是"挂红吉兆"。没过多久，梁邦瑞就卧床不起，一命呜呼了，永宁公主"孷居数年而殁，竟不识人间房帏事"。永宁公主守寡数年，郁郁而终，令人不胜唏嘘。

那么，为什么会有骗婚的现象发生呢？

因为从庶民到驸马，能拥有巨额财富。公主一般有丰厚的嫁妆和岁供，明太祖朱元璋在位时规定，公主"已受封，赐庄田一所，岁收粮千五百石，钞二千贯"。寿春公主当年出嫁，朱元璋"赐吴江县田一百二十余顷，皆上腴，岁入八千石"。驸马的俸禄也不少。而且由于和皇帝亲近，有时还能获得额外的封赏。驸马的身份对于庶民来说，诱惑力确实不小。

驸马的实权不大，明朝后期，驸马"岁禄各有差，皆不得与政事"。谢肇淛的《五杂俎》指出："国朝立法太严，无论宗室，即驸马仪宾，不许入仕，其子不许任京秩。"虽然如此，他们的政治地位却不低。《明史》记载："驸马都尉，位在伯上。"比如，"公、侯、驸马相见，各行两拜礼。一品官见公、侯、驸马，一品官居右，行两拜礼，公、侯、驸马居左，答礼。"这与原先庶民的身份比起来，可太体面了。

公主除了忍受被司礼监太监蒙蔽而配得一个品质不佳的驸马，还会受到管家奴才的欺负。明神宗的女儿寿宁公主就是一例。

寿宁公主是明神宗和郑贵妃的女儿，刘若愚在《酌中志》记载，神宗为寿宁公主选驸马时，入选者有姓顾的两人和姓冉的一人。当时正是暑热天，两个姓顾的人"白玉大簪，极细亮帽，发可以鉴，香气袭人，衣服楚楚，鲜鞋净袜"，而姓冉的人"衣不求鲜，戴圆罗帽，兢兢叩拜，不敢仰视"。神宗隔着帘子向郑贵妃"指而目之"，选中了冉兴让，实际上就是看重了冉兴让的老成，认为他更为可靠。由此可见，神宗对寿宁公主十分关心。

寿宁公主深得明神宗和郑贵妃的宠爱，《明史》记载："寿宁公主，二十七年下嫁冉兴让。主为神宗所爱，命五日一来朝，恩泽异他主。"寿宁公主出嫁后，神宗也要求其五天来一次。

然而就是这样一位备受恩宠的公主，也受尽了气。据沈德符《万历野获编》记载，公主出嫁，照例要派一个老宫人来管公主的一应事宜，名叫"管家婆"。寿宁公主的这个管家婆梁盈女，"蔑视驸马如奴隶，即贵主举动，每为所制"。驸马冉兴让想要和寿宁公主相会，还得花万金打点上下。

寿宁公主和驸马冉兴让两人相处得十分融洽。"偶月夕公主宣驸马入。"这时，梁盈女与宦官赵进朝喝酒喝得正尽兴，所以冉兴让见寿宁公主这事儿就没和梁盈女禀报。梁盈女知道后大怒，将冉兴让打了一顿撵出去。寿宁公主上前劝解，梁盈女"并詈及之"，把寿宁公主也大骂了一顿。寿宁公主愤怒得不得了，第二天就回宫向母亲郑贵妃告状。没想到梁盈女早就在郑贵妃面前添油加醋地恶人先告状了，所以郑贵妃没有听寿宁公主的解释。

冉兴让也很生气，他上奏疏陈说自己的冤屈。谁知，和梁盈女喝酒的赵进朝结党数十人将冉兴让又打了一顿。冉兴让被揍得"衣冠破坏，血肉狼籍，狂走出长安门，其仪从舆马又先簇散，冉徒跣归府第"。冉兴让不死心，还要再写奏疏，不料这时圣旨到了，皇帝对冉兴让一顿诘责，还"褫其蟒玉，送国学省愆三月，不获再奏"。让冉兴让反省，不再允许他上奏。寿宁公主也只能强忍着咽下这口气。而梁盈女只是被另外委派其他差，殴打驸马的宦官也没有被追查。

御史杨鹤知道这件事后十分愤怒，大骂神宗："爱女被蹦于宫奴，馆甥受挞于朝市，叩阍不闻，上书不达，壅蔽极矣。"出现宦官揍驸马这种事，最根本还是由于皇帝的昏庸无能。有个昏聩的皇帝，连子女都遭殃，何况百姓！

皇子的身世也离奇

《明史》记载，皇太孙朱瞻基大婚时，封胡氏为妃、孙氏为嫔。等到朱瞻基继位，胡氏被封为皇后，孙氏被封为贵妃。孙氏因"阴取宫人子为己子"，于是"眷宠益重"。也就是说孙氏抢夺了宫人所生的孩子作为自己的孩子，这个孩子就是明英宗朱祁镇。《明史》成书于清朝，真实性有待考证。成书于明朝的《明实录》记载，孙氏是英宗的生母：

> 英宗法天立道仁明诚敬昭文宪武至德广孝睿皇帝，讳祁镇，宣宗宪天崇道英明神圣钦文昭武宽仁纯孝章皇帝嫡长子，母孝恭懿宪慈仁庄烈齐八配圣章皇后，以宣德二年丁未十一月十一日生。

但《明史》所记载的孙妃"阴取宫人子为己子"的说法乃是空穴来风，明代王锜在《寓圃杂记》中写道："宣宗胡皇后无子，宫中有子，孙贵妃攘为己子，遂得册为皇后，而胡氏废为仙姑。"明末清初查继佐在《罪惟录》中写道，孙贵妃"宠冠后宫，宫人有子，贵妃子之"。也就是说，孙氏取宫女之子为己之子的传言在明朝中晚期就已经出现了。

其实《明史》没有采取一家之言，同时辑录了英宗为孙氏所生的记载："英宗法天立道仁明诚敬昭文宪武至德广孝睿皇帝，讳祁镇，宣宗长子也。母贵妃孙氏。生四月，立为皇太子，遂册贵妃为皇后。"

为什么会出现孙氏"阴取宫人子为己子"的说法呢？大抵是民间同情宣宗的废皇后胡氏。孙氏与宣宗是一对恩爱的夫妻，宣宗给了孙氏很多荣宠。《明史》记载："皇后金宝金册，贵妃以下，有册无宝。妃有宠，宣德元年五月，帝请于太后，制金宝赐焉。贵妃有宝自此始。"宣宗对孙氏不吝赞美之辞，清代谷应泰所撰《明史纪事本末》记载，宣宗说："贵妃孙氏，皇祖太宗选嫔于朕。十有余年，德义之茂，冠于后宫。"但是宣宗却极为冷落胡皇后，最后胡后让贤，《明史》记载："后无过被废，天下闻而怜之。"而集万千宠爱于一身的孙皇后，就成为人们贬低的对象。

无独有偶，武宗的身世也在民间传得沸沸扬扬。武宗朱厚照是孝宗的独生子。孝宗深爱张皇后，即使张皇后与他成婚四年都没有诞下子嗣，他依然拒绝纳其他嫔妃。外面都盛传张皇后不能生育，过了不久，宫中就有了喜讯。弘治四年（1491年）九月二十四日，"皇后正宫诞生元子"。这位皇子就是朱厚照。

当时就有谣言称，皇子并非张皇后亲生，而是宫女郑金莲所生。孝宗和张皇后为了堵住百官催纳妃和催生的问题，就将孩子抱过去，谎称是张皇后所生。这个谎言闹得满城风雨，不仅孝宗和张皇后听说了，连外地的藩王也听说了。

《万历野获编》记载，正德十四年（1519年），宁王朱宸濠叛乱，打出的旗号就是"上以莒灭鄫，太祖皇帝不血食"。意思是，武宗不是张皇后的儿子，甚至不是孝宗的儿子，朱家的江山被外人夺了。孝宗大怒，派人详查这到底是怎么回事。最后查出，原来谣言的源头是军余郑旺和一个小宦官刘山。

《明实录》记载，郑旺家境贫寒，就将十二岁的女儿"王女儿"卖给了东宁伯焦俊。她"右肋有痘疮瘢，脊上有汤溃痕"。没过多久，她又被转卖到沈通政家。郑旺也不知道自己女儿到底去哪里了。

后来，郑旺听说驼子庄郑安家有女儿进了宫，现在已经是皇亲了。郑旺听后，就想自己会不会也有那份福气，自己的女儿是不是也辗转进入皇宫了？于是，他就去京师向锦衣卫舍余妥刚和妥洪打听，妥刚和妥洪让郑旺把自己女儿的情况写到帖子上，说是要交给乾清宫内使刘山。

过了月余，得不到消息的郑旺再次拿着米和面去送礼打听。刘山只好忠人之事，从宫女郑金莲处打听到有个宫女叫王女儿，但是她的父亲姓周不姓郑，刘山觉得此事可以利用，可以多次收礼，他知道郑旺的女儿经过多次转卖，所以诡称——你的女儿曾经被卖，她有些怀疑你的身份。

金注壶　明

郑旺认定这个王女儿就是自己的女儿，于是多次拿着果食缯帛之类的物品，托付刘山将这些物品送给自己的女儿，刘山收到物品后，全部据为己有。刘山还拿出一些衣靴布绢送给郑旺，说是他的女儿送给他的。

刘山还对妥洪说，王女儿进了乾清宫，你们这些人就都是皇亲了。郑旺听说后大喜过望，回到家后就向亲族大肆宣传，大约有六百人都来郑旺家送礼祝贺，郑旺便写了一本《聚宝历》将来客的姓名都登记下来。郑旺还送酒和干肉给宫中的女儿，刘山又暗自收下，假托王女儿送给刘山一些褥鞋绢帕等物。

等到仁和长公主（即孝宗的妹妹）过生辰，郑旺前去拜谒长公主。驸马的儿子齐良发现郑旺所戴的物品是宫中之物，以为他是皇亲，还转送了郑旺一些礼品，将"豹皮一并马鞍辔、纱罗衣襦"送给郑旺。郑旺一家受到公主府的

厚待自觉了不得，便愈加耀武扬威。这件事一传开来，人们马上将它和张皇后不能生育的事情联系到一起，传成朱厚照就是王女儿所生，郑旺就是朱厚照的外公。

事情闹大了，"为缉事官校所发，逮捕旺等"，刘山、王女儿也被抓捕问话，孝宗亲自审理他们。刘山"谬援王女儿以脱罪"，被下锦衣卫狱杖讯。审查结果可知，王女儿父母姓氏、年龄、入宫来历都和郑旺说的不符合。并令郑旺的妻子辨认王女儿，结果王女儿肋背没有瘢痕，根本不是他们的女儿。最终，此案相关人等均被处罚。郑旺在武宗登基大赦天下后，就被放了出来。

出狱后的郑旺继续宣称自己是皇亲，伙同同村的王玺告状，要求面圣，声称武宗的生母被幽禁多年。东厂再次将郑旺和王玺逮捕，二人拒不认罪，最后被处决。

有人认为，这件事纯属谣言，张皇后并不是不能生育，之后还诞下过皇子。但是也有人认为《明实录》的记载漏洞百出：为什么刘山被处以极刑，郑旺却没有事还被放了呢？刘山既然贪财，又怎么会拿宫中的物品送给郑旺，这与郑旺送到宫中的物品相比，价值孰重孰轻有待考量。再加上武宗和张太后的关系并不是很亲近，以及其他史料的记载，比如陈洪谟《治世余闻》记载孝宗的内批原文："刘林使依律决了，黄女儿送浣衣局，郑某已发落了，郑旺且监着。"其中刘林为刘山，黄女儿为王女儿。他还记载，一个编修看见两个内使押送一个妇人到浣衣局，"待之异常，不知其由"。再比如，沈德符《万历野获编》记载："旺罪魁不加刑者，指孝宗知旺之冤也；闵珪意有在者，谓孝宗为中宫所制，其意实不欲杀旺也。"意思是，孝宗知道郑旺是冤枉的，所以不处置郑旺，从而认为郑旺所说也许确有其事，《明实录》只不过是为了粉饰太平。武宗身世真相如何，还需要进一步探究。

"木匠皇帝"朱由校的作品能卖多少钱

　　明朝晚期，出了一个著名的"木匠皇帝"，他就是明熹宗朱由校。明代李逊之《三朝野记》记载："好盖房屋，自操斧锯凿削，巧匠不能及。"清代抱阳生《甲申朝事小纪》记载："又好油漆，凡手用器具，皆自为之。性又急躁，有所为，朝起夕即期成。"明熹宗喜欢骑马、游泳、看傀儡戏等，尤其热爱木工，唯独不爱理朝政。他宠信宦官魏忠贤，导致奸臣当道，民不聊生。

　　明熹宗对木工的狂热达到什么地步呢？

　　明代文秉所撰《先拨志始》记载，明熹宗"斧斤之属，皆躬自操之。虽巧匠，不能过焉"。意思是，凡是有木匠活，熹宗都要亲力亲为，一些能工巧匠的技术，都比不过他。而且熹宗干起活来还特别认真，"每营造得意，即膳饮可忘，寒暑罔觉"。意思是，他沉迷于做木匠活，废寝忘食，不怕冷也不怕热。他在做木工方面还是一个完美主义者，"且不爱成器，不惜天物，任暴殄改毁"。意思是，他遇到不合适的，就销毁，继续往更深的方向钻研。

　　刘若愚在《酌中志》中记载：

　　逆贤[①]善射，好蹴踘跑马。先帝[②]好跑马，好看武戏，又极好水戏。用大木桶、大铜缸之类，凿孔创机，启闭灌输，或涌泻如盆珠，或渐流如瀑布。或使伏机于下，借水力冲拥圆木球如核桃大者，于水涌之，大小盘旋宛转，随高随下，久而不觉坠下。视为嬉笑，皆出人意表。逆贤喝彩赞美之：天纵聪明，非人力也。

---

①贤：指魏忠贤。魏忠贤少时家贫，常混迹于街头，不识字，却懂得射箭、骑马。
②先帝：指明熹宗朱由校。

明熹宗用大木桶、大铜缸凿孔，里面设置机关，打开机关，水要么涌泻如盆珠，要么潺流如瀑布，看上去很壮观。或者是将机关放到下面，借助水力冲击出一个个如核桃大的圆木球，这些木球随水流动，一会儿低一会儿高，盘旋婉转，能维持很久。现在看来，明熹宗做的是一个小型喷泉。魏忠贤看到明熹宗的这个作品，立马拍马屁："您真的是天纵聪明，这样精妙的物品不是人力能够做得出来的。"

明代秦兰徵《天启宫词》诗注记载："上好雕镂木器，护灯小屏八幅，手刻寒雀争梅，戏界诸少珰，令鬻之，仍谕以御制之物，价须一万。翌日如数奏进，大悦。"明熹宗曾经制作八座护灯小屏，上面镂刻着《寒雀争梅图》，十分精美。熹宗让小太监拿出去卖，还叮嘱御制之物，价格要卖到一万钱。第二天，小太监果然卖了这么多钱回来了，熹宗高兴坏了。清代饶智元《明宫杂咏》上有诗云：

御制十灯屏，司农不患贫。
沈香①刻寒雀，论价十万缗。

明熹宗还曾建造了一座仿乾清宫的小宫殿，清初吴宝崖《旷园杂志》记载，这座小宫殿高四尺许，玲珑巧妙，"栋梁楹槛，宛转皆具"。他制作了一座沉香假山，其中池台林馆无所不备，雕刻精细，堪称一绝。爱打球的明熹宗还亲自设计了蹴园堂。总之，木偶、屏风以及各式各样的家具，雕刻、木工、漆染等他都擅长。最为人称道的是，他设计了一张轻便的折叠床。之前工匠制作的床大都比较笨重，移动不方便，明熹宗便琢磨如何才能改造一下这种床，结果一年内他就做出来了。他设计制作的床，不仅轻巧，还可以折叠，床架上镂刻的

---

①沈香：亦作"沉香"，香木名。

花纹也相当美观，堪称艺术品。

如果明熹宗生在一个普通人家，那么或许可以充分发展自己的兴趣爱好，成为令人称赞的"明朝鲁班"，但他生在帝王家，还热衷于做木匠活，这对于整个帝国来说是一件非常危险的事。

神武军容耀天威：明朝皇室的尚武活动

纵观整个大明，尚武的皇帝有很多，明太祖朱元璋以武力征服天下；明成祖朱棣更是以武力夺得大明江山，将都城定在北京，称为"天子守国门"。朱棣亲征安南，五征蒙古，驾崩于北征回师途中的榆木川。

明成祖的"好圣孙"朱瞻基也尚武。《万历野获编》记载，永乐十一年（1413 年）五月初五端午节，朱棣的车驾来到东苑，观赏击球和射柳活动，文武群臣、四夷朝使、在京耆老都同来观赏。击球官分为两队，以驸马都尉广平侯袁容领左朋，宁阳侯陈懋领右朋，"自皇太孙而下诸王大臣以次击射"，其中皇太孙朱瞻基的表现特别亮眼，"连发皆中"。成祖一高兴，"进皇太孙嘉劳之"。兴致大好的成祖还当场出了个对联，上联是"万方玉帛风云会"，朱瞻基当即就叩头，对了一句"一统山河日月明"。朱棣一听更高兴了，大加封赏，"赐名马、锦绮、罗纱及番国布，因命儒臣赋诗，赐群臣宴"。成祖北征，朱瞻基还随侍军中。

宣宗朱瞻基登基后，他的叔叔朱高煦很不服这个侄子，便想效仿自己的父皇朱棣夺取侄子的皇位。《明史》记载，宣宗朱瞻基连夜召集诸臣商议。众臣都奏请皇帝任命薛禄为帅出征，这时张辅主动请缨，请求带两万兵马征剿朱高煦。由于张辅和父亲张玉都与朱高煦有很深的交情，杨荣担心张辅临阵倒戈，便劝宣宗御驾亲征。宣宗尚在犹豫，这时夏原吉说："独不见李景隆已事耶？"于是宣宗决定御驾亲征。想当年，李景隆投降朱棣，建文帝大败，如果张辅像李景隆一样，那大明江山很有可能又要易主了。宣宗亲征，士气高涨，行军十天就到达朱高煦所在的乐安城，反观朱高煦一方则士气低落，很快就溃败了。

宣宗的儿子英宗朱祁镇也有一个雄才大略的梦，他希望自己能像太爷朱棣那样建立丰功伟绩。他不顾大臣的反对，亲率五十万精兵，北上抗击瓦剌，导致"土木堡之变"。《明史》记载，吏部尚书王直曾联合群臣上书英宗："况秋暑未退，旱气未回，青草不丰，水泉犹塞，士马之用未充，兵凶战危，臣等以为不可。"只可惜毫无实战经验的英宗听信太监王振的花言巧语，在一颗急切渴望建功立业的自负之心的驱使下，差点将大明带入万劫不复的境地。

武宗朱厚照更是武力活动发烧友，能得"武宗"这一庙号，可以想见他究竟有多崇尚武力。武宗在西华门外的太液池修建豹房，"引乐工臧贤、回回人于永及诸番僧，以秘戏进。请于禁内建豹房、新寺，恣声伎为乐，复诱帝微行。帝在豹房，常醉枕宁卧。百官候朝，至晡莫得帝起居，密伺宁，宁来，则知驾将出矣"，在豹房极尽享乐之能事。不过要说到他在豹房干的最尚武的一件事，

明宣宗行乐图　明　商喜

就是与猛兽搏斗。

正德十二年（1517 年）八月，在豹房玩腻了的武宗突然不见了，原来他想去山海关，会一会鞑靼部落赫赫有名的小王子。最后，大臣们找到他多番劝阻，他才回京。没想到不到一个月，他再次出逃，到达宣府（今河北张家口宣化区）后，他命令内阁调集军队，保障后勤，以支持"总督军务威武大将军总兵官朱寿"对鞑靼作战。"朱寿"不是别人，正是武宗自己。

等到鞑靼侵犯玉林卫时，武宗终于找到机会大展拳脚。《明史》记载："甲辰，小王子犯阳和，掠应州。丁未，亲督诸军御之，战五日。辛亥，寇引去，驻跸大同（今山西大同）。"在这场战役中，武宗率军把小王子打退了，并亲手杀了一个鞑靼兵。《明实录》记载，明军阵亡五十二人，伤五百六十三人，斩杀鞑靼军十六人。不知道记载是否属实，但取得的成效还是明显的："是后岁犯边，然不敢大入。"

受到军事刺激的武宗变得一发不可收拾，回到宣府后封赏自己："总督军务威武大将军总兵官朱寿亲统六师，肃清边境，特加封镇国公，岁支禄米五千石。吏部如敕奉行。"当然，武宗尚武的糊涂事还没结束，宁王朱宸濠叛乱后，王阳明本来已经平叛，这没留给武宗展示的机会，武宗竟然下令将宁王放了，自己要亲手抓住朱宸濠，令人哭笑不得。

明神宗朱翊钧也尚武，他受太监的蛊惑。刘若愚的《酌中志》记载："神庙左右内臣①如孙海、客用之流，日以狗马拳棍导神庙以武。"

一次，神宗喝醉酒佩剑夜游，将一个内官的头发削了下来，又差点杖毙两个内官。太后知道后，对他进行了严厉的教训，"声言欲特召阁部大臣谒告太庙，将废神庙，立潞王，且先令喧传于宫中，神庙恐惧滋甚，跪泣久之始解"。太后差点就将神宗废了。

---

①内臣：宦官。

带着指南回大明

《万历野获编》记载，神宗还曾在宫中操练军队，"自内操事兴，至甲申岁之午日，预选少年强壮内侍三千名，俱先娴习骑射，至期弯弧骋辔，云锦成群，有京营所不逮者。上大悦，赏赉二万余金"。只可惜当时天气太热，士兵们在烈日炎炎下操练着实辛苦，"因而暍①死者数人"。

其实，皇室尚武并非坏事，但是要控制在合理的范围内。建立文治武功的梦想要有，但是也要基于实际情况考量，尤其对于皇帝来说，没有实战经验盲目御驾亲征，或者崇尚暴力走上穷兵黩武的道路，都不利于国家和百姓。

明朝"达·芬奇"朱载堉，为了科学放弃王位

中国资深科学史家和中国物理学史学科创建者戴念祖先生曾说："每当我看见欧洲的音乐家、科学家的陵墓前鲜花堆放、追忆人群如潮时，我就为明朝伟大的科学家兼艺术家朱载堉至今尚不为国人所熟悉感到难受。"让戴念祖深以为憾的不被国人所熟知的、被西方誉为"东方百科艺术全书式的人物"的朱载堉到底是谁呢？

朱载堉，字伯勤，号句曲山人、九峰山人。他是明太祖的九世孙，明仁宗庶子郑靖王的后人。其父为朱厚烷。沈德符《万历野获编》记载，嘉靖二十七年（1548年），朱载堉的父亲郑王朱厚烷上书劝嘉靖帝修德讲学，"并上四箴及《演连珠》十首，以上简礼怠政、饰非恶谏及神仙土木为规"。他劝嘉靖帝好好执政，不要整天搞一些神仙道术，由此触怒了嘉靖帝。

《明史》记载，没过多久，郑府盟津王长子朱祐橏想要求郡王爵，他怨朱厚烷不给他上奏，所以上奏嘉靖帝参了朱厚烷一本，于是嘉靖帝"诏驸马中官即讯。还报反无验，治宫室名号拟乘舆则有之"。意思是，委派调查朱厚烷的驸

①暍：中暑。

马并没有发现他有什么反叛的举动，只是有以治宫室为名号拟乘舆的罪行，嘉靖帝大怒："厚烷讪朕躬，在国骄傲无礼，大不道。"嘉靖帝将朱厚烷"削爵，锢之凤阳"。

朱载堉见皇帝对本没有罪过的父亲施以如此惩罚，所以他"筑土室宫门外，席藁独处者十九年"。作为世子，他不住在宫中，而在外面建造了一个土室住进去，表示自己的父亲不出来，自己也不回去，以示反抗。那时朱载堉只有十五岁，却有如此坚定的意志，在宫门外土室住了十九年，直到隆庆初年，朱厚烷才被"复王爵，增禄四百石"。朱载堉才回宫。

万历十九年（1591 年），朱厚烷去世，朱载堉按礼该继承王位，但是他却一再请辞。他说："郑宗之序，盟津为长。前王见潎，既锡谥复爵矣，爵宜归盟津。"他要让出王位给盟津。大臣们表示反对，说："载堉虽深执让节，然嗣郑王已三世，无中更理，宜以载堉子翊锡嗣。"意思是，朱载堉这一支已经嗣郑王三世了，不能再更改，盟津王那一支早被废为庶人了，不能继承王位。既然朱载堉不想当王，那就由他的儿子朱翊锡继承。但是朱载堉还是坚决请辞，所以朝廷"以祐榿之孙载玺嗣，而令载堉及翊锡以世子、世孙禄终其身，子孙仍封东垣王"。

朱载堉多次请辞郑王，很可能是基于他的父亲前期因宗室问题遭受屈辱，他不想让自己和子孙再次蒙受屈辱。而且他们父子都不是贪慕富贵的人，朱载堉受其父亲影响至深，厚烷"自少至老，布衣蔬食"。朱载堉自我封闭十九年，名利于他如浮云，没有王位的束缚，他可以专心研究他热爱的事业，沈德符称赞其为"天潢中之异人"。

古人一般归隐后，大都走上著书立说、写诗作词的道路，朱载堉却不一样，他不仅在文学上留下散曲集《醒世词》，还走向了科研领域，并且在多个领域都有建树。

在音律方面，朱载堉首创"十二平均律"，比西方早了半个世纪。朱载堉还

带着指南回大明

蕉岩鹤立图　明　吕纪

创造了世界上第一架定音乐器——弦准，可谓理论结合实践了。钢琴就是根据十二平均律来定音的。除此之外，十二平均律也被广泛应用于各种乐器上。朱载堉对此创造颇为自得，他说："此盖二千余年之所未有，自我圣朝始也，学者宜尽心焉。"

在数学方面，朱载堉用一把八十一档双排大算盘精密演算，进行开平方、开立方。他对等比数列的计算和不同进位制小数的换算都有深入的研究，李约瑟称他是"世界上第一个平均律数字的创建人"。

朱载堉还曾在嵩山少林寺刻了一块石碑，即现在少林寺的镇寺之宝《混元三教九流图赞》碑。这块碑的背面是一个圆形的绘图，乍一看像一个胖娃娃，细看却发现里面藏有很多玄机。从中间看去，是慈眉善目的释迦牟尼，看左边，是佩戴儒巾的孔子，右边则是戴着道观的老子。这位代表着三教合一的长者手上拿着一幅画卷，画卷上画着九条由中间向外流淌的河流，构成一个小圆，代表"九流"诸家。与代表三教的"中圆"和代表宇宙的"大圆"相呼应。正呼应了碑文的"毋患多歧，各有所施。要在圆融，一以贯之。三教一体，九流一源，百家一理，万法一门"。

除此之外，他还是第一个精准测出北京地理位置（北纬39°56′、东经116°20′）的人；他测出的回归年数值与现在测出的回归年数值仅相差17秒；他测出了水银的密度；他开创了"舞学"，编订了《乐律全书》……

总之，朱载堉在音律、数学、物理、天文历法、舞蹈及乐理等方面都做出了很大的贡献，留有《算学新说》《嘉量算经》《律学新说》等著作。李约瑟称其为"东方文艺复兴式的圣人"，一点儿都不为过。朱载堉不爱王位爱科学，执着求是的科学精神，令人佩服。

第八章

黄金榜上龙头望：
请膜拜大明考神

明朝科举有多难，范进五十岁还是童生

在清代吴敬梓的长篇小说《儒林外史》中，范进五十岁了，却还只是一个童生。范进科考二十多次，终于在五十四岁那年考中举人。等到他看到捷报，简直不敢相信自己的眼睛：

看了一遍，又念一遍，自己把两手拍了一下，笑了一声道："噫！好了！我中了！"说着，往后一交①跌倒，牙关咬紧，不省人事。老太太慌了，慌将几口开水灌了过来，他爬将起来，又拍着手大笑道："噫！好！我中了！"笑着，不由分说，就往门外飞跑……

范进无疑是高兴过头了，正如报录人所说"他只因欢喜狠了，痰涌上来，迷了心窍"。亏得岳父胡屠夫壮着胆子，给了范进一巴掌。一掌下去，范进被打晕了，众人就上前为范进抹心口、捶背心，"舞了半日，渐渐喘息过来，眼睛明亮，不疯了"。

科举是普通老百姓改变命运的唯一出路。比如明朝的丁士美，二十八岁时在应天府乡试中，以第十九名的成绩考中举人，之后两次会试均落榜，第三次会试因丁忧没有参加。《丁公后溪墓志铭》记载，经历此变故，"公益激励自

---

①交：同"跤"。

奋曰：农不以荒岁而废蓄畜，士之学何独不然？"他更加勤奋学习，等到嘉靖三十八年（1559年），他终于会试上榜，排名很靠后，名列第二百六十七名。但是在殿试上，他彻底扭转了自己的命运，一举夺魁。

科举考试犹如千军万马过独木桥，非常难。据统计，明朝国祚276年，开科九十多次，录取进士两万四千多人。

明初选拔人才有荐举、科举、铨选三种途径。到洪武十七年（1384年），朱元璋"始定科举之式，命礼部颁行各省，后遂以为永制"，将科举取士定为常制。而且明政府颁行《科举程式》，规定每三年举行一次科举考试，遇到子、卯、午、酉年在秋季举行乡试，而丑、辰、未、戌年，在春季举行会试。

明朝参加科举考试的人群有所扩大，士、农、工、商都可以参加。一个人如果想走科举之路，就要先经过童试，又称童子试。童试由县试、府试和院试三级严格考试组成。这三级考试是层层递进的，只有通过前一级考试，才有资格参加后一级考试。通过县试和府试的人，被称为"童生"，童生与年龄无关，即便考生双鬓斑白，通不过院试，那还是童生。这三级考试都通过后，政府授予"生员"，也就是"秀才"，进入官学，才能参加正式的科举考试。

当上秀才也无法高枕无忧，还要参加岁试。朝廷通过这种方法来防止"三年秀才成白丁"。朝廷根据考试成绩，对优等生和差生进行奖惩。通过考试，秀才们被分成廪生、增生、附生。其中，廪生即优等生，可以享受官府的津贴。

在明初，生员的名额是固定的，府学四十人，州学三十人，县学二十人，每个生员每月有六斗米作为廪食。但是后来生员增多了，廪者就被称为廪膳生员，增广者就被称为增广生员。附生即附加录取的生员。可以理解为廪生是公费生员，增生和附生是自费生员。

明朝科举考试分为乡试、会试、殿试三级。《明史》记载，想要参加乡试，应试者应该满足以下条件：

国子监生及府州县学生员，必须三次学业成绩合格者方许参加；

知识分子未入仕、入仕但官品未入流者，均可报考，但须地方官吏选择那些"性资敦厚、文行可称者"上报。

由此可以看出，只有三次学业成绩合格的优秀生员才能参加乡试。

乡试又称秋闱，在农历八月举行。考场设置在南、北两京及各省布政使司所在地。乡试考三场，分别安排在农历八月初九、八月十二、八月十五这三天。第一场考"四书"义、经义；第二场考试论、判、诏、诰、章、表；第三场考经史、策论。

乡试高中后称为"举人"，也被雅称为"孝廉"，此时有了做官的资格。次年可以到京师参加会试。乡试第一名称为"解元"，第二名称为"亚元"，第三名、第四名、第五名称为"经魁"，第六名称为"亚魁"。嘉靖年间，乡试多了

观榜图（局部）　明　仇英

带着指南回大明

副榜，副榜上的人准做贡生，称为"副贡"。

会试由礼部举行，又称礼闱。时间安排在乡试的后一年二月，所以也被称为"春闱"。会试考中的称为"贡士"，约录取三百人，其中第一名称为"会元"。永乐年间，设置了会试副榜，下第的举人也可以获取做官的机会，虽然有些渺茫。

最后一个考试是殿试，在会试当年的三月初一举行。成化八年（1472年），改为三月十五。殿试由皇帝亲自主持，并拟定名次。殿试录取分三甲，一甲三名，分别为状元、榜眼、探花，赐进士及第；二甲赐进士出身；三甲赐同进士出身。三甲众人都称为"进士"。

中举的人，"状元授修撰，榜眼、探花授编修，二、三甲考选庶吉士者，皆为翰林官"。进士们进入翰林院学习，然后"俾之观政于诸司，给以所出身、禄米"，再进行一些实战的观摩，对其中比较优秀的人，委以重任。"俟其谙练政体，然后擢任之"。这一流程下来，可以说是非常系统周密的官员选拔程序了。

《明史》记载，明朝任用官员"非进士不入翰林，非翰林不入内阁，南、北礼部尚书、侍郎及吏部右侍郎，非翰林不任"。可见，进士是多少考生梦寐以求的。但层层选拔，录取率又低，能进入殿试的人凤毛麟角，再加上明后期科场舞弊时有发生，即便是很优秀的人也难逃落榜的命运。比如写《天工开物》的科学家宋应星，乡试中举后，参加了六次会试均落榜，白白蹉跎了十五年岁月。

考试不仅拼智慧，还拼身体素质

北宋文学家苏轼说："古之立大事者，不唯有超世之才，亦必有坚忍不拔之志。"明朝的科举考生可谓十分辛苦，不仅要经过层层选拔，就连考试也得拼身体素质。

明末散文家艾南英就曾详细地描述过明朝考生考科举的辛苦。考试的时候，衙门的鼓要打三通。遇到天气寒冷的时节，冰霜冻结，但是考生们需要站在门外，督学穿着绯衣坐堂上，"灯烛闹炉，轻暖自如"。考生们解开衣服，左手拿执笔砚，右手拿布袜，排着队立在甬道中等着有司唱名。挨着冻到督学跟前，有两名搜捡军对考生进行检查，"上穷发际，下至膝踵，果腹赤踝，至漏数箭而后毕"，全身上下搜个遍，即便是身体强壮的人都感觉到"齿震悚慄"，人们都感到寒冷，不知道体肤所在，被冻个够呛。

遇到酷暑的天气，考生们同样遭罪，督学"轻绮荫凉，饮茗挥蓬自如"，穿着也凉快，立于阴凉地，还能喝喝茶，但是考生就得扎堆站在一起，不仅不能扇扇子，还穿着大布厚衣，又热又闷。等到就席时，"数百人夹坐，蒸熏腥杂，汗流浃背，勺浆不入口"。倒是设有供茶吏，但是没有考生敢饮茶的，如果饮茶，就会被怀疑作弊，"文虽工，降一等"。光天气就能把考生折腾得死去活来。

等到就席命题试，一个教官宣读，还令一个吏拿着书牌巡回，以便让所有人都知道题目。等到艾南英考试的时候，考场上已经废除了宣读这一流程，直接在书牌上写好某学某题。"一日数学，则数吏执牌而下，而予目短视，不能咫尺。"艾南英高度近视，根本看不清牌子上写的是什么，还得悄悄地询问旁边的考生，考题是什么。

考场上监督非常严格，"既试，东西立瞭望军四名，诸生无敢仰视四顾，丽立伸欠、倚语侧席者，则又朱钤其牍，以越规论，文虽工，降一等"。考试时，不仅有督学视察，东西还立望军四名监督，考生们都不敢仰视、东张西望、交头接耳。如果有这种情况发生，就按越规处理。考生们坐得腰酸背痛，即便想去厕所，只有特地批准的考生才能在考试期间持令牌去上厕所。

考生考试要在号房内，号房没有门，有三面墙，每间大概高六尺、宽三尺、深四尺，一个号房面积不过是一平方左右。清代文学家蒲松龄在《聊斋志异》中形容号房"孔孔伸头，房房露脚，似秋末之冷蜂"。这是正常的号房规格，遇到偷工减料的，情况就更糟了。

小吏从费用中渔利，号房往往仓促建成，以至于"狭迫不能舒左右肱"，想要伸展一下舒服地坐着都不可以，可以想见空间多么逼仄。"又薄脆疏缝，据坐稍重，即恐折仆。而同号诸生常十余人，虑有更号，率十余坐以竹联之。手足稍动，则诸坐皆动，竟日无宁时。"设施粗制滥造，一个考生稍微活动一下，整个连坐的竹子都吱吱呀呀地响起来，连坐的十几个人都甭想安宁。

还有更糟糕的事，有的督学为了防止考生作弊，不让考生自己带砚台。考场上使用的砚台是由工吏置办的，"率皆青刓顽石，滑不受墨，虽一事足以困其手力"。光是磨墨这一项，都能把人折磨得手困无力。

如果不幸考生的号房屋顶有瑕疵，是"漏痕泳檐所在"。那么，遇到下雨的时候，考生就只能用衣服遮挡试卷，赶紧把卷子写完。这样的考试环境，没有足够强的身体素质和心理素质，是很难突出重围的。

考生参加乡试和会试，每次考三场，一场考三天，一场考完才能出号舍，考生得坚持住三天两晚，晚上睡觉的时候也只能蜗居在号舍内，没有床，只能用桌板和座位板搭起来凑合一下。另外，考生的伙食需自带，饿了就吃自己带的干粮，也可以生火做饭，每个号舍"前置炉一个，炭一篓，为士子煲茶汤饭食之用"。有些考生就因为号舍艰苦的环境而吃不消生病。

尽管考生要受这样的苦，但莘莘学子还是非常殷切地盼望考期的来临，以便大显身手，改变命运。清代王应奎《柳南随笔》记载，晚明常熟有一个老秀才许傭，爱说大话。他参加乡试时给家中写信："一到京中，饭量大长，早晨三碗，日中三碗，晚间三碗。如此吃饭，精神安得不足？如此精神，文章安得不佳？如此文章，今科安得不中？篱笆为我拔去，墙门为我刷黑，士刚、士柔打点作公子可也！"这封信看着让人喷饭，看来许傭身上是有一些幽默细胞的，但是他并没有考上，倒是他的儿子在天启二年（1622 年）考中进士，也算是圆了许傭的梦。

最令人痛心的是，有的考生竟命丧火场。王锜《寓圃杂记》记载："天顺庚辰，春闱火起，监场御史焦显因锁其门，不容出入，死者数十人，焦头烂额、折肢伤体者不可胜计。"明英宗天顺四年（1460年）举行会试时，贡院发生火灾，有数十名考生被烧死，受伤的考生不计其数。

天顺七年（1463年），会试考场再次发生火灾，《明史》记载："二月戊辰，会试天下举人，火作于贡院，御史焦显扃其门，烧杀举子九十余人。"清代《茶余客话》则说这场火灾烧死举子"百有十六人"。为了抚恤这些烧死的举子，英宗亲自为他们写祭文，赐他们进士出身。这些可怜的举子被安葬在朝阳门外，立碑曰"天下英才之墓"。这次火灾的亲历者举子陆容在《菽园杂记》中收录了当时有人为这些举子写的悼诗：

> 回禄如何也忌才，春风散作礼闱灾。
> 碧桃难向天边种，丹桂翻从火里开。
> 豪气满场争吐焰，壮心一夜尽成灰。
> 曲江胜事今何在？白骨稜稜漫作堆。

想想这些举子都是经过十年寒窗苦读，渴望一朝改变自己的命运，没想到却在考场罹难，真是令人不胜唏嘘。

《万历野获编》记载，弘治五年（1492年）浙江乡试，第一场考试遇到大雨，"漂浮号舍，不能坐立，士子哗扰，竞散而出，约束之不能止"。考场都被大雨泡了，可见条件有多恶劣。这时监临御史、监察宪臣都想终止考试，但是左布政使刘大夏却说："暴雨必有息时，可令自揣能文者听其愿留，勿随众去，当以留者为准，阅其文登榜。"意思是，大雨总有停的时候，考生愿意留下的就留下，愿意走的就走，到时候留下来的考生再考试。这是国家取材的大事，不可以随便废止。最终，留下来的考生有八百多个人，等到雨停的时候，考生们再次开始答题，录取时"如额取足数"，"比榜出，人谓得人胜他科"，果然选出了一些优秀的人才。可谓应了孟子的那句话："天将降大任于是人也，必先苦其心志，劳其筋骨，饿其体肤，空乏其身，行拂乱其所为，所以动心忍性，曾益其所不能。"

其实不光考生辛苦，考官也很辛苦。他们往往夙夜祗勤，殚厥心力。《明实录》记载，在洪武五年（1372 年）的应天府乡试上，考官曾鲁"入院之后，忽吐血一升，公犹力疾阅卷不息，自是遂奄奄不振"。甚至有考官就直接累死在了考场上，王世贞《弇山堂别集》记载，嘉靖朝"主考礼部尚书学士张潮卒于试院"。

正是在考生和考官的双重努力下，一些有真才实干的人才得以出人头地，有机会为国家做贡献。虽说八股文禁锢人们的思想，科场舞弊等现象层出不穷，但是不可否认，科举制度给普通人提供了一条进阶之路，从科举选出的人才为国家发展做出了难以估量的贡献。一些儒家士大夫更是以坚毅的品格和高尚的道德形成足够大的影响，他们所表现出的人格和行事作风给世人树立了典范。

明朝科考竟然分"南北卷"

洪武三十年（1397 年）的会试，明太祖朱元璋命令翰林院学士刘三吾、王府纪善白信蹈为主考官。三月初一殿试，录取五十一名进士，其中状元是陈䢿，榜眼是尹昌隆，探花是刘仕谔。本以为会试就这样落下了帷幕，但是没过几天，落第举子联名上书，状告刘三吾徇私舞弊，私授状元。因为这场考试高中的都是南方人，也被称为"南榜"。"中原西北士子无登第者。"这些举子怀疑刘三吾私授乡党。

明代黄瑜《双槐岁钞》记载，朱元璋知道这件事后大为震怒，他也很快给出解决方案：

下诏命儒臣再考下第卷中，择文理优长者，复其科第。于是侍读定海张信、侍讲奉化戴彝、春坊右赞善宁海王俊华、平度司宪右司直郎永嘉张谦、司经局校书瑞安严叔载、正字乐安董贯、二府长中惠安黄章、韩府纪善无锡周衡、靖江府纪善吉水萧楫，及陈𨚪等首甲三人受命，人各阅十卷。

朱元璋组织很多官员和考试的前三名重新阅卷，就在这时，朱元璋又听说"三吾与信𥡴至其所，嘱以卷之最陋者进呈"。朱元璋知道后更愤怒了，这不就是刘三吾和白信蹈怕自己受贿的事情暴露了才这样做的？于是朱元璋再对这些举子进行策问，录取了六十一人，选了山东韩克忠为首。因为这次录取的都是北方人，所以被称为"北榜"。

事后，朱元璋更是直指刘三吾和白信蹈是"蓝玉余党"，处罚刘三吾戍边、白信蹈磔刑，此事还牵涉多人，都被惩处，就连南榜的状元也不例外。

关于这次科举考试，是否存在舞弊现象，众说纷纭。有人认为，刘三吾是大儒，《明史》记载他"为人慷慨，不设城府，自号坦坦翁"，而且当时北方人录取率的确很低，明仁宗就说"北人厚重，比累科所选，北人仅得什一"，这次会试没有北人高中纯属巧合。朱元璋只不过是利用这一事件来进行政治清洗，笼络北方士子。当然也有人认为，这就是一场科举舞弊和反舞弊事件。无论真相是怎样的，我们都能看出，在科举考试上，南方人比北方人有一定的优势。因为北方在元朝的统治下战乱不断，教育事业遭到重创。

鉴于此，明仁宗朱高炽着手进行改

景德镇窑青花缠枝花纹双耳扁瓶　明

带着指南回大明

革。《明实录》记载，仁宗曾说："自今科场取士，以十分论，南士取六分，北士四分。尔等其定议各布政司名数以闻。"然而还没有彻底确定下来，仁宗就病故了。

宣宗朱瞻基继位后，确定了各省乡试的人数以及会试录取中各地方的份额。其中南方人录取十分之六，北方人录取十分之四。宣德二年（1427年），正式试行"南北分卷"。宣德、正统年间改革，将全国分为南、北、中卷，以百人为率按照南取五十五名，北取三十五名，中取十名的比例录取。之后比例虽然也有所调整，但始终坚持南北分卷。南北分卷是大明为了照顾北方士子以及维持科举公平的一种举措，影响深远。

点状元那些事儿

考上进士是许多举子梦寐以求的事，如果高中状元，更是锦上添花。历史上，能被选为状元的人，除了自身素质过硬，还有很多偶然因素。那么他们是如何从众进士中脱颖而出、独占鳌头的呢？

黄瑜《双槐岁钞》记载，洪武十八年（1385年）会试，黄子澄考了第一名，练子宁考了第二名，花纶考了第三名。等到殿试时，"有司奏纶第一，子宁次之，子澄又次之"。花纶最初被读卷官定为状元，当时练子宁还作了一首《送花状元诏许归娶》的诗来恭贺花纶。

但是就在唱名的前一晚，朱元璋做了一个梦。梦见殿前柱子上有一枚巨钉，缀白丝数缕，悠扬日下。朱元璋醒来后，不解其意，等到翻看花纶的卷子，当时有童谣"黄练花，花练黄"，朱元璋很反感，"以纶及子澄年少高科，故抑之也"。朱元璋以花纶太年轻为由，就把花纶的第一名给取消了。等到看到丁显的卷子，丁显谐音"钉显"，和他的梦正好相符，所以就擢升丁显为状元。

因皇帝的梦改变状元的人选还不止这一件事。永乐十九年（1421年），曾鹤龄也是因为明成祖朱棣梦见仙鹤而被选拔为状元。

据说，嘉靖年间有一个举子名叫吴汝威，他考了三次科举均落第，遂改名为吴情，希望改名后可以改运气。嘉靖二十三年（1544年），他果然高中，并在殿试上也表现很好，初拟为第一。但是嘉靖帝看到后却觉得他的名字不吉利，说："天下岂有无情状元？"于是吴情从第一被调整到第三，由状元郎变成探花郎。

状元该定谁呢？嘉靖帝翻看着考生们的试卷，突然将目光锁定在一个名字上——秦鸣雷。由于他昨晚做梦梦见打雷，于是，秦鸣雷就阴差阳错地被定为状元。当时有人写诗讽刺这件事："无情举子无情帝，鸣雷只好捡便宜。"

像吴情这样，由于名字不被皇帝喜欢而痛失状元头衔的，还有孙曰恭。王世贞《皇明异典述》记载，永乐二十二年（1424年）的会试，最初拟定的是孙曰恭为第一名，但是明成祖朱棣发现，曰恭合起来看像"暴"，所以擢升邢宽为第一名，朱棣对众臣说："本朝只许邢宽，岂宜孙暴？邢宽者，量刑之宽也，唯宽厚待我臣民，天下太平，民心归顺。"孙曰恭状元郎的头衔因名字而落空了。

纵观明朝的科举，因为长得丑而被取消状元资格的也大有人在。状元郎是国家的门面，很多皇帝都愿意选择仪表堂堂之人来做状元。比如洪武四年（1371年）的殿试，初拟定第一名为郭翀，但是朱元璋见进士吴伯宗长得仪表堂堂，于是选吴伯宗为状元。

《明史》记载："王艮，字敬止，吉水人。建文二年进士。对策第一。貌寝，易以胡靖，即胡广也，艮次之，又次李贯。"也就是说，王艮本来是殿试第一，但是因为长得丑被列为第二。

陆容《菽园杂记》记载，正统四年（1439年）殿试，初拟定张和为状元，英宗朱祁镇就派贴身太监去瞧瞧张和长得怎么样，太监回来说张和有眼疾，施槃长得最好。于是英宗钦定施槃为状元，将张和移到第四名。英宗还不放心，想要亲自去看看状元郎，他对施槃说："卿家吴中有何胜地？"施槃回答："四寺四桥，四寺者：承天、万寿、永定、隆兴；四桥者：凤凰、来苑、吉利、太平。"英宗听后龙颜大悦。

如果说以上提及的人得以高中状元，还属于个人实力范畴，无论是名字还是颜值，抑或是应了皇帝的梦，都还与自己相关。但周旋成为状元，就有点阴差阳错的意味了。

正统元年（1436年）殿试，杨士奇预定第一甲三人候读卷时，问旁边的人："周旋仪貌如何？"几人都回答说长得俊美。结果"及传胪，不类所闻"。等到宣布时，温州永嘉人周旋长得并不俊美，俊美的人是严州周瑄。阴差阳错下，长得并不标致的周旋做了状元。

虽然有的举子不幸被从状元位置上撸下去了，但还是妥妥的金榜题名。对于他们来说，书生时代已经结束，迎接他们的将是新的考验。

唐寅的科考之路：从解元到"会试泄题案"嫌疑人

唐寅，字伯虎，出生于苏州一个商人家庭。他年少聪慧，书画双绝。成化二十一年（1485年），唐寅于苏州府试中取得第一名的好成绩。弘治十一年（1498年），他在应天府乡试中一举夺魁。《明史》记载，唐寅"举弘治十一年乡试第一，座主梁储奇其文，还朝示学士程敏政，敏政亦奇之"。此时的唐寅意气风发，充满了豪情壮志，从他的《山水图》一诗中可以想见唐寅当时的志得意满：

> 秋月攀仙桂，春风看杏花。
>
> 一朝欣得意，联步上京华。

可惜不幸很快就发生了。"未几，敏政总裁会试，江阴富人徐经贿其家僮，得试题。事露，言者劾敏政，语连寅，下诏狱，谪为吏。寅耻不就，归家益放浪。"徐经贿赂程敏政的家僮，得到了会试的试题。事情败露后，唐寅也受到牵连，被下诏狱，让他做小吏，唐寅不接受任命，所以归家后放浪形骸。

唐寅究竟有没有作弊呢？《明实录》详细地记载了整个会试泄题案的来龙去脉：

弘治十二年（1499 年）二月举行会试，会试的主考官是太子少保礼部尚书兼文渊阁大学士李东阳、礼部右侍郎兼翰林院学士程敏政。户科给事中华昶弹劾程敏政，称他将考试试题泄露出去，"士子初场未入而《论语》题已传诵于外，二场未入而表题又传诵于外，三场未入而策之第三、四问又传诵于外"。称"江阴县举人徐经、苏州府举人唐寅等狂童孺子，天夺其魄，或先以此题骄于众，或先以此题问于人"。可见，徐经和唐寅等人提前通过程敏政得到了真题，他们要么拿着真题骄傲自满，要么提前问别人题该怎么作答。

就这样，徐经、唐寅都被抓捕下狱。大学士李东阳回奏此事说，华昶弹劾程敏政泄露题目给徐经、唐寅，"礼部移文臣等重加翻阅，去取其时，考校已定，按弥封号籍，二卷俱不在取中，正榜之数有同考官批语可验"。原来，唐寅和徐经的名字根本不在正榜之列，压根儿没考上。尚书徐琼等翻查徐经和唐寅的试卷，也查不出是否作弊。还是移交原考试官来决断。华昶、徐经、唐寅又被锦衣卫送到镇抚司进行审问。

锦衣卫将程敏政下狱，革掉了华昶的职位。镇抚司工科给事中林廷玉陈述了程敏政出题、阅卷、定名次的六个疑点，并提出华昶"言虽不当，不为身家计也"，如果处置华昶，那今后言官没人敢说话了。林廷玉还给出建议："莫若将言官举人释而不问，敏政罢归田里。"给事中尚衡、监察御史王绥提议"请释昶而逮敏政"，徐经又说华昶"挟私诬指敏政"，还屡次为自己辩护，希望能把他放了。镇抚司因徐经、华昶前后所说的供词有多处不同，所以请皇上裁决。皇上又命三法司和锦衣卫廷鞫。徐经经不住拷打，居然招认曾经给程敏政送过金

王蜀宫妓图　明　唐寅

币，左都御史闵珪等又奏请逮捕程敏政。

六月，华昶和程敏政在午门前对质。程敏政不服，因为徐经、唐寅根本就不在考中者的名单中。等到复查的时候，"列而复校，所黜可疑者十三卷，亦不尽"。徐经自称自己来京之时，"慕敏政学问，以币求从学，间讲及三场题可出者；经因与唐寅拟作文字，致扬之外。会敏政主试，所出题有尝所言者，故人疑其买题，而昶遂指之，实未尝赂敏政。前俱拷治，故自诬服"。意思是，他只是仰慕程敏政的才学，所以给他钱财让他给自己讲学，程敏政顺便也讲了会试可能出的模拟题，他和唐寅在一起做模拟题，被宣扬出去。等到考试的时候，会试的题目与程敏政出的模拟题有重合的部分，所以有人怀疑他们花钱买题，其实他们根本没有贿赂程敏政。之前由于自己被拷问，所以只能承认。

最终，程敏政、徐经、唐寅、华昶都得到了处罚，但是并不是因为作弊，而是因为程敏政"临财苟得，不避嫌疑。有玷文衡，遍招物议"，华昶"言事不察"，徐经、唐寅"汇缘求进"。可悲的是，这次案件发生后，唐寅被取消了会试资格。《明实录》记载："命敏政致仕，昶调南京太仆寺主簿；经、寅赎罪毕，送礼部奏处，皆黜充吏役。"

当然，还有很多典籍对此次科举舞弊案有不同的记载，但唐寅的确没有作弊的必要。向来自视甚高的唐寅，不是盲目的自信，他的才华的确被很多人称赞。《吴郡二科志》记载："衡山文林自太仆出知温州，意殊不得，寅作书劝之，文甚奇伟。"文林是成化八年（1472年）的进士，是唐寅好友文徵明的父亲。唐寅参加乡试时的主考官梁储对唐寅赞赏有加："以为异材，遂荐第一，由是声称籍甚。"在乡试结束后，"梁储还朝，携其文示詹事程敏政，相与叹赏，遂招寅往还门下，储奉使，寅乞敏政文以饯"。在会试之前，唐寅就已经取得主考官的赏识，可谓春风得意。对于此次考试，唐寅在写给文徵明的书信中说道：

　　方斯时也，荐绅交游，举手相庆，将谓仆溢文笔之纵横，执谈论之户辙。岐舌而赞，并口而称；墙高基下，遂为祸的。侧目在旁，而仆不知；从容宴笑，已在虎口。庭无繁桑，贝锦百匹；谗舌万丈，飞章交加。至于天子震赫，召捕诏狱，身贯三木，卒吏如虎，举头抢地，涕泗横集。

意思是，唐寅说自己是被身边人陷害，才惨遭横祸。祝枝山在给唐寅写的墓志铭中说唐寅："既入试，二场后，有仇富子者，挢于朝，言与主司有私，并连子畏 [1] 。"意思是，唐寅是受了徐经的连累。"高才剩买红尘炉，身后犹闻乐祸人。"祝枝山指出，唐寅就是因为才高得人嫉妒最终潦倒一生的。

其实在科举考试前，唐寅已经遭受重创："不幸多故，哀乱相寻，父母妻子，蹙踵而没（一作"殁"），丧车屡驾，黄口嗷嗷。"唐寅的父亲、母亲、妻子、儿子、妹妹相继去世。这下子科举又无望了，对唐寅的打击可想而知。

唐寅回到家中后，遭到数不尽的冷眼与嘲笑："昆山焚如，王石皆毁；下流难处，众恶所归。缫丝成网罗，狼众乃食人；马氂切白玉，三言变慈母。海内遂以寅为不齿之士，握拳张胆，若赴仇敌。知与不知，毕指而唾，辱亦甚矣！"他的生活也如一盘散沙："衣焦不可伸，履缺不可纳；僮奴据案，夫妻反目；旧有狞狗，当户而噬。反视室中，甀瓯破缺；衣履之外，靡有长物。"缺衣少食，夫妻反目。唐寅变得愈加颓废和放纵不羁，整日与诗酒相伴。"酒醒只在花前坐，酒醉还来花下眠"可谓他难挨的痛苦生活的写照。

无奈之下，唐寅开始卖画为生。他写了一首《言志》：

> 不炼金丹不坐禅，不为商贾不耕田。
>
> 闲来写就青山卖，不使人间造孽钱。

---

[1] 子畏：即唐寅，字伯虎，后改字子畏，号六如居士、桃花庵主等。

此诗表达了唐寅淡泊名利、专心读书卖画之志。他不想像道士那样炼丹追求长生不老，也不想像和尚那样去坐禅；他不做商人，也不做农夫。空闲的时候就画些画去卖，也不会用来路不正的钱。

祝允明《祝氏集略》记载，唐寅"四方慕之，无贵贱富贫，日诣门征索文辞诗话"，唐寅的画作得到很多人的喜欢。

本以为唐寅放下了，就这样老死于江湖。谁知宁王朱宸濠"厚币聘之"，唐寅以为自己的仕途将迎来新的机遇，可是，渐渐地他发现宁王有异志，他只好"佯狂使酒，露其丑秽"，装疯卖傻逃过此劫。晚年的唐寅颓然自放：

桃花坞里桃花庵，桃花庵里桃花仙。

桃花仙人种桃树，又摘桃花换酒钱。

酒醒只在花前坐，酒醉还来花下眠。

半醉半醒日复日，花落花开年复年。

但愿老死花酒间，不愿鞠躬车马前。

车尘马足富者趣，酒盏花枝贫者缘。

若将富贵比贫者，一在平地一在天。

若将贫贱比车马，他得驱驰我得闲。

别人笑我忒^①风颠^②，我笑他人看不穿。

不见五陵豪杰墓，无花无酒^③锄作田！

唐寅"筑室桃花坞，与客日般饮其中，年五十四而卒。"在桃花坞中，唐寅结束了坎坷又绚烂的一生。唐寅真的老死花酒间了。唐寅的一生，是无数为

----

①忒：太。

②风颠：同"疯癫"。

③无花无酒：指没有人前来祭祀。摆花祭酒是祭祀的礼俗。

　　　　带着指南回大明

科举奋斗一生的举子的人生缩影。唐寅虽然科举失败，却给后人留下了书画诗文，还有数不尽的扼腕叹息，相较于无人知晓的无数科举人来说，唐寅无疑是成功的。

科举背景板下的"立志"女性

纵观整个历史长河，郁郁不得志的男人不胜枚举，但又有多少女人有满腔抱负，却被湮灭在历史的尘埃中呢？也许无法估量。因为在封建社会，女子长期沦为男人的背景板，想在史书上留下姓名都很难。

在吴敬梓的小说《儒林外史》中，鲁小姐就是一个非常独特的存在，她从小就接受父亲的培养，熟读儒家经典，练习八股，"五六岁上请先生开蒙，就读的是'四书''五经'；十一二岁就讲书、读文章，先把一部王守溪的稿子读的滚瓜烂熟"。她"晓妆台畔，刺绣床前，摆满了一部一部的文章，每日丹黄烂然，蝇头细批"，若她是个男子，定能在考场上一展雄风，但奈何她身为女流，只能囿于闺阁。

等到她成婚后，发现丈夫竟然不通八股："我只道他举业已成，不日就是举人、进士；谁想如此光景，岂不误我终身！"丈夫没有达到她的预期，她又把热情转移到儿子身上："每日拘着他在房里讲'四书'，读文章。""在家里，每晚同鲁小姐课子到三四更鼓。或一天，遇着那小儿子书背不熟，小姐就要督责他念到天亮，倒先打发公孙到书房里去睡。"乍一看，鲁小姐控制欲极强，极其可悲。但是又不得不说，在封建社会，女子想要扬眉吐气，往往只能靠丈夫和孩子。鲁小姐没有机会施展自己平生所学，只能独守空闺，枉自叹息，这是封建时代多少才女的写照啊！

而有的小说作者大胆假设，描写了一些胆大才高的女子女扮男装参加科举考试并取得不错成绩的事情，比如《二刻拍案惊奇》中《同窗友认假作真 女秀

纺织图　明　仇英

带着指南回大明

才移花接木》里的闻蜚娥，"模样虽是娉婷，志气赛过男子"，她为了家族的荣耀考取童生，但碍于自己的女儿身，不可能一直往上考，也不得不拒绝去参加乡试。这些小说作者看到了女性的价值与无奈，只可惜他们也无法帮助女性超脱社会的局限，只能让才女们再次回归闺阁。

其实男子科举成功理应有女子的一份功劳。有多少贤妻在家默默照顾双亲，以免除举子的后顾之忧；有多少母亲一直教导儿子好好读书，建功立业。

明朝有一个传奇女性杨文俪，她不仅自己满腹经纶，还将五个儿子都培养得非常优秀，其中有四个儿子高中进士。《四库提要》记载："有明一代，以女子而工科举之文者，文俪一人而已。"

杨文俪是工部员外郎杨应獬之女、南京礼部尚书孙升的继室。杨文俪富有才学，父亲经常感叹"儿胡不为男子"。杨文俪嫁给孙升时，孙升已有子嗣，杨文俪将孙升亡妻所生的孩子视如己出，将他们与自己所生的孩子一起培养，亲自教授他们学业。长子孙铤，嘉靖三十五年（1556年）进士，官至吏部尚书，与平湖陆光祖、余姚陈有年，并称为"浙中三贤太宰"。次子孙鑨，嘉靖三十二年（1553年）进士，分校《永乐大典》，纂修《承天大志》，官至南京礼部右侍郎。三子孙錝，隆庆二年（1568年）进士，官至太仆寺正卿。四子孙矿，万历二年（1574年）会试第一，殿试二甲第四名进士。他历任文选郎中、兵部侍郎、右都御史、南京兵部尚书，且笔耕不辍，留下四十余种七百余卷著作。清代朱彝尊《静志居诗话》记载，相传孙矿参加朝廷会试后，将考试的答案抄录下来带回家中请母亲审阅。杨文俪看后笑着说："淡墨虽书第一，未免啮笔似鱼，非文之绝品也。"可见，杨文俪识见之高。朱彝尊《明诗综》记录了杨文俪的一首《闻征瓦氏兵至》，诗曰：

绣门旗下陈如云，万里提兵净寇氛。

多少材官屯海畔，策勋翻仗女将军。

杨文俪在男人为天的世界里称赞瓦氏能与男子分庭抗礼，争得一席之地，可能她也在瓦氏身上看到了自己的影子。虽然她不能考科举，但是她通过教育下一代，实现了自己的价值。她与瓦氏，实乃惺惺相惜。南宋理学家朱熹认为女子应："寝之于地，卑之也；衣之以裼，即其用而无加也；弄之以瓦，习其所有事也。有非，非妇人也。有善，非妇人也。盖女子以顺为正，无非足矣。"在朱熹的观点里，女子要做的事就是柔顺，操持好家务就可以了。而以杨文俪为代表的闺阁女子，凭借自己的才学与贡献，书写了不一样的历史。

第九章

明朝公务员群像：
同侍于一君，担当各不同

大明清官海瑞有多敬业

嘉靖四十四年（1565年）十月的一天，嘉靖帝怒火攻心，因为他收到了一封把他骂得狗血淋头的奏疏：

> ……陛下则锐精未久，妄念牵之而去，反刚明之质而误用之。至谓遐举可得，一意修真，竭民脂膏，滥兴土木，二十余年不视朝，法纪弛矣。数年推广事例，名器滥矣。二王不相见，人以为薄于父子。以猜疑诽谤戮辱臣下，人以为薄于君臣。乐西苑而不返，人以为薄于夫妇。吏贪官横，民不聊生，水旱无时，盗贼滋炽。陛下试思今日天下，为何如乎……

上这封奏疏的就是大名鼎鼎的海瑞。海瑞大胆指出嘉靖帝沉醉封建迷信活动，想要长生不老；而且不上朝，导致纲纪松弛。天下吏贪将弱，民不聊生，水旱靡时，盗贼滋炽都是嘉靖帝的错误行径导致的，甚至说"嘉靖"的年号就是"家家皆净而无财用"，可谓相当大胆了。

《明史》记载："帝得疏，大怒，抵之地，顾左右曰：'趣①执之，无使得遁②'！"嘉靖帝命人赶紧把海瑞抓了，而此时宦官黄锦在旁边说："此人素有痴名。闻其上疏时，自知触忤当死，市一棺，诀妻子，待罪于朝，僮仆亦奔散无

---

①趣：赶快。
②遁：逃走。

留者，是不遁也。"意思是，海瑞早就做了赴死的准备，肯定不会逃走。嘉靖帝听到黄锦这么说，久久不说话。过了不一会儿又拿过奏疏再读，"为感动太息"，说："此人可方比干，第朕非纣耳。"

为什么嘉靖帝由怒转为称赞海瑞是比干式的人物呢？除了他不想背骂名做纣王式的人物，还因为海瑞的奏疏写得有水平。海瑞开篇说嘉靖帝"陛下天资英断，过汉文远甚"，比汉文帝强多了。然后将嘉靖帝的过错数落一遍，接着把原因归结于"陛下误举之，而诸臣误顺之，无一人肯为陛下正言者，谀之甚也"。意思是，陛下误举，臣子也误顺，没有人敢出来说真话，这就相当于分散火力。

再者，海瑞提到嘉靖帝想要长生的事情，他说："自古圣贤垂训，修身立命曰'顺受其正'矣，未闻有所谓长生之说。"嘉靖帝也觉得海瑞所说有几分道理，并表示嘉靖帝好好干，可以"置身于尧、舜、禹、汤、文、武之间"。

海瑞其实对嘉靖帝是有感激之情的，因为海瑞由举人的身份从淳安知县到兴国知县，再被提升到户部主事，这升迁的速度在明朝来说还是相当快的。要知道，在大明，担任六部主事的一般是二甲进士。但是当海瑞来到京城后，发现嘉靖帝竟然整天不上朝，所以痛心疾首地写下了这份《治安疏》。

海瑞被嘉靖帝下到监狱中不到三个月，嘉靖帝就驾崩了。这时狱卒告诉海瑞他不用死了，因为嘉靖帝驾崩了。海瑞听闻，"即大恸，尽呕出所饮食，陨绝于地，终夜哭不绝声"。嘉靖帝临终前对朱载坖说"大明之神剑，唯有德者方可致之"。朱载坖继位后，奉先帝遗诏，赦免了所有谏言。海瑞被释放出狱后，官复原职，不久改在兵部任职，后来又调任大理寺。

海瑞，字汝贤，号刚峰，他的一生也如他的号一样，刚直不阿。他从淳安知县到右佥都御史，无论在哪一任上，都爱民如子，殚精竭虑地为百姓做实事，得到人们的爱戴，遂有"海青天"的称号。

海瑞一心为民，清廉自持，不谋私利，生活艰苦。据说，海瑞吃的都是他在衙门后院种的菜，唯一一次的"奢侈"是为母亲祝寿买了两斤肉。万历十五年（1587 年），海瑞病逝于南京官邸。前去吊唁的御史王用汲看到海瑞的住所"葛帏敝籯，有寒士所不堪者"。海瑞去世前已官居二品，但是家无长物，丧葬费都是由同僚们捐助的。

有人说海瑞做事执拗，不近人情，海瑞也说自己"不求合俗，事必认真。九分之真，一分放过，不谓之真"。也许海瑞生性固执，但是他无愧于百姓。海瑞去世后，"小民罢市。丧出江上，白衣冠送者夹岸，酹而哭者百里不绝。"能得到百姓如此爱戴的官员，在大明朝也是寥若晨星了。

被过度解读和误解的职业：锦衣卫

太祖朱元璋建立大明后，设置"上十二卫"保护君主的人身安全，而锦衣卫就是其中的一卫。锦衣卫，前身是仪鸾司，可以粗略地理解为皇家仪仗队。《明实录》记载，洪武十五年（1382 年）四月，"改仪鸾司为锦衣卫，秩从三品"。

朱元璋设置锦衣卫还有一个目的是排除异己，绕过三法司，将帝国的权力牢牢地掌握在自己手中。洪武年间的蓝玉案、胡惟庸案的制造，锦衣卫都发挥了巨大的功劳，不仅对涉案者采用酷刑，甚至牵连很多无辜的人，让人闻风丧胆。

待朱元璋诛杀功臣的政治目的达到后，他要消解笼罩在大明王朝上空的恐怖气氛，于洪武二十六年（1393 年）下诏："诏内外狱毋得上锦衣卫，大小咸经法司。"但是明成祖朱棣又重启锦衣卫，直到南明永历帝时才被废除。

锦衣卫的手段非常毒辣，活脱脱一个特务机构。《国初事迹》记载："太祖尝使人察听在京将官家有女僧诱引，华高、胡大海妻敬奉两僧，行金天教法。太祖怒，将二家妇及僧投于河。"可见，锦衣卫对人的监察到了无孔不入的地步。

《明史》记载，"锦衣卫，掌侍卫、缉捕、刑狱之事……盗贼奸宄，街涂沟

出警入跸图（局部）　明　佚名

洫，密缉而时省之"。"南理本卫刑名及军匠，而北专治诏狱"，南镇抚司掌刑名和军籍，北镇抚司专治诏狱。说诏狱是人间炼狱也毫不为过，沈德符《万历野获编》记载："镇抚司狱亦不比法司，其室卑入地，其墙厚数仞，即隔壁嗥呼，悄不闻声，每市一物入内，必经数处验查，饮食之属十不能得一，又不得自举火，虽严寒不过啖冷炙、披冷衲而已。家人辈不但不得随入，亦不许相面，唯拷问之期，得于堂下遥相望见。"可以说，自进诏狱，吃不饱穿不暖，叫天天不应，叫地地不灵。

　　锦衣卫抓捕的犯人下诏狱后，会受到严酷的刑罚，有的人甚至会遭受大大小小所有的刑具，残忍至极。《明史》记载："全刑者曰械，曰镣，曰棍，曰拶，曰夹棍。五毒备具，呼暑声沸然，血肉溃烂，宛转求死不得。"受刑者大部分都被虐待至死，只有很少部分的人能走出去。

　　锦衣卫还有监察职能，《大明会典》记载："凡发审罪囚，有事情重大、执词称冤、不肯服辩者，具由大理寺奏请，会同刑部、都察院或锦衣卫堂上官，于京畿道问理。"由于锦衣卫听命于皇帝，且手段残暴，三法司也对其无可奈何，甚至出现锦衣卫凌驾于法司之上的情景。弘治九年（1496 年），大臣徐珪上奏称："臣在刑部三年，见鞫问盗贼，多东厂镇抚司缉获，有称校尉诬陷者，有称校尉为人报仇者，有称校尉受首恶赃而以为从、令傍人抵罪者。刑官洞见其情，无敢擅更一字。"可见，锦衣卫权势滔天。

其实除了这些我们以为的"特务"要做的事情，锦衣卫还会被委派很多任务。比如负责京城的治安。《大明会典》记载，锦衣卫负责"京城内外缉捕喇唬凶徒、通州张家湾一路缉捕奸盗"，甚至还负责"京城内外修理街道、疏通沟渠等"。

锦衣卫有时也有缉拿盗贼的任务，《大明会典》记载，成化四年（1468年），"以京城内外多盗，令锦衣卫指挥一员，同巡城御史专一提督五城兵马，并巡捕官校挨拏"。

由于锦衣卫深受皇帝的信任，他们还经常被委派一些重要的任务。比如被派去巡视陵寝，英宗就曾下令说："天寿山，祖宗陵寝所在，比闻有无赖者，敢剪伐其树木，而所司恬然不顾，尔等即揭榜禁之，复令锦衣卫遣官校巡视，敢有犯者，械来治以重罪，迁其家属戍边。"穆宗时期，锦衣卫左都督朱希孝还被派去"督视陵工"。

一些外交场合也会出现锦衣卫的身影。《明史》记载，宣德帝曾"遣都指挥佥事蒋贵往，同松潘卫指挥吴玮招抚番寇，令调附近诸卫军二万人以行"。《明实录》记载，嘉靖帝曾经"差锦衣卫千户陶凤仪、百户王桐于广西，千户郑玺、百户纳朝恩于云南诘勘安南国篡夺罪人及武严威等犯边事情"。

如果有人在锦衣卫当差，他不一定就是去逮捕凶犯、缉拿官员，他有可能在经历司做文职，也有可能在千户所当差。比如，分到驯象所，工作可能就是驯大象；分到驯马司，工作可能就是驯马。有学者研究称，明朝有很多宫廷画家也隶属锦衣卫，比如谢环、林良、商喜等人。

需要说明的是，并非所有的锦衣卫都能穿飞鱼服，佩绣春刀。飞鱼服是指衣服上有飞鱼纹的衣服，一般蒙受皇帝赏赐的人才能穿。绣春刀并没有出土文物，史料记载："绣春刀极小，然非上赐则不敢佩也。""锦衣卫堂上官，每驾出，则戎装，带绣春刀扈从。"可知绣春刀很小，一般是皇帝赏赐给他所信任的锦衣卫中品阶较高的官员的。而且，只有在一些重要的场合才会佩带。比如《大明会典》记载："凡视牲、朝日、夕月、耕耤、祭历代帝王，俱用丹陛驾。本卫堂上官，服大红蟒衣飞鱼、乌纱帽、鸾带，佩绣春刀。千百户，青绿锦绣服。各随侍。"锦衣卫高品阶的官员才穿飞鱼服、佩绣春刀，像千户、百户这种品阶低的官员只能穿青绿锦绣服。

锦衣卫自建立以来，始终伴随着滥权的发生，不过要将锦衣卫所犯下的罪行都记录在锦衣卫自己的头上未免有失公允，锦衣卫充其量是一个打手，皇帝才是背后的执刀人。

皇帝私人的"间谍"机构：东厂和西厂

《论语》中有言："名不正则言不顺，言不顺则事不成。"成祖朱棣通过靖难之役登上皇位后，朝堂内外关于建文帝未死的流言纷起，朱棣政权的合法性自然也受到了挑战。于是他决定在锦衣卫之外，建立一个由宦官主持的特务机构——东厂，与锦衣卫相辅相成，负责收集情报，并监督和镇压那些政治上的反对派。东厂以皇帝信任的太监佞人为一把手，即东厂提督。

《明史》记载："东厂之设，始于成祖。锦衣卫之狱，太祖尝用之，后已禁止，其复用亦自永乐时。厂与卫相倚，故言者并称厂卫。……令嬖昵者提督之，缉访谋逆妖言大奸恶等，与锦衣卫均权势。"朱棣的这番做法，一改太祖朱元璋"内臣不得干预政事，预者斩"的祖制。明朝宦官也由此开始在政治舞台上崭露头角。

由此可见，东厂和锦衣卫合称"厂卫"，由皇帝分别垂直指挥，两者相互监督与制约。但在不同的历史时期，由于皇帝对锦衣卫和东厂的喜好程度不同，以此压彼的现象时有发生。根据《大明会典》的记载，东厂的宦官高层若有执法缉捕的需要，基本上都是从锦衣卫抽调人手。孰高孰低，可见分明。

经过朱棣的大力培养，太监掌握了以朝廷暴力为后盾的，集监视、抓捕和司法于一身的东厂，权势已经很大了。可这些太监整体素质却并不高，只因建国之初，朱元璋下旨要求其不准读书识字。然而之后建立的东厂（包括此后的西厂）将太监们卷入政局，这意味着他们的文化见识有待提高。到了明宣宗时期，为了牵制权力日盛的内阁，朱瞻基"宣德四年特设内书堂，命大学士陈山专授小内使书，而太祖不许识字读书之制，由此而废"。朱瞻基专门设立太监学堂，然后让这些太监帮助皇帝审核奏章，而这些帮助皇帝在奏章上审核盖印的，被称为司礼监掌印太监，其权力之盛，有"内相"之实。在其之下，就是司礼监秉笔太监，东厂提督主要由这些太监担任。不过一些非常有手段的太监，往往会想办法同时掌控整个司礼监和东厂。如此一来，他就拥有了"文武双权"，权势滔天。

明朝著名的四大太监——王振、刘瑾、冯保、魏忠贤都曾掌控东厂，而且也是司礼监中最有话语权的太监。这些人都善于栽赃陷害、制造冤案、暴力执法，最终都无疑落了个"佞史留名"的下场。当然，东厂建立的初衷是"毋枉毋纵"，甚至在其办事大厅内，还挂了一幅大型岳飞画像，以表忠心。不过后来的东厂腐败残暴至极，掌事太监直接威胁皇权，恐怕岳将军的面子也给败光了吧。

到了成化年间，当时的东厂提督名为尚铭，但当时最有权势、最被皇帝信任的，要数大太监汪直了。汪直从打杂太监做起，靠自己的谄媚和勤恳，一步步赢得了宪宗朱见深的信任甚至依赖。

成化十二年（1476年），有个叫侯得权的人，本来是一个和尚，后来遇到一个道士点化，留起头发，改名为李子龙，他不断吹嘘自己有不凡的道术，竟然攀附上了宫里的少监韦舍。韦舍胆大包天，私自带李子龙入宫，结交了不少宫

140　　　　　　　　　带着指南回大明

中人士。有一次，韦舍甚至直接带李子龙到了视野极好的万岁山①，还在皇帝的御床上休息，简直无法无天。后来，有锦衣卫将此事上报，并称李子龙有弑君的企图。

宪宗朱见深不安起来了，于是便让时任御马监大太监汪直来处理此事。朱见深安排汪直进行一系列的卧底活动，组织一帮人乔装成平民，来监视大臣们的一举一动。如此一来，不到一年，汪直的眼线就遍布朝野内外。按说这种私密的间谍活动，本是东厂提督尚铭的工作，皇帝却直接指派了汪直，可见对其信任之深。

为了加大保卫工作，汪直奏请朱见深在东厂之外，设立一个新的特务机构——西厂，全称"西缉事厂"，以此来打破尚铭和东厂的权力垄断。终于在成化十三年（1477年），宪宗"设西厂，以直领之，列官校刺事"，汪直完成了他人生中一大重要的权力布局。西厂的执法人员也多从锦衣卫中选拔，短短几个月内，西厂所统领的锦衣卫校尉，人数就比东厂多出了一倍，而汪直的权势也如日中天。

然而，汪直接管西厂以后，为排斥异己，制造了许多冤假错案。他在朝中罗织了多项罪名，处处捕风捉影，搞得人心惶惶，结果五个月后就被大臣们联名弹劾，西厂被临时裁撤。汪直也被贬回御马监。然而不久之后，宪宗重新起用了汪直，并恢复西厂建制，这个恐怖的特务组织，又维系了五年之久，随着汪直的最终倒台而解散。

古人云："百足之虫，死而不僵。"本以为西厂从此会完全退出历史舞台，却不承想到了正德年间，大太监刘瑾不仅掌控了东厂，而且蛊惑皇帝起复西厂，把东厂和西厂的领导权归于一身。巧合的是，刘瑾领导的西厂也只存在了五年时间，就因其被凌迟处死而最终裁撤。

---

①万岁山：又称"煤山"，即北京景山。

明朝沈起堂曾说："明不亡于流寇，而亡于厂卫。"如前所说，皇帝设立这些机构或许是为了"毋枉毋纵"、保护皇权，却造成大太监干政的黑暗局面。在宦官的一手遮天下，朝纲败坏，社会混乱、党争不断。这种破坏力，又岂能轻易修复！

五城兵马司：憋屈的大明城管

大明正统年间，太监王振权势滔天，总揽了朝中大权。正所谓"一人得道，鸡犬升天"，王振的家奴也日渐嚣张。《明实录》记载，当时的东城兵马指挥范质，因为不肯为王振的家奴寻找空宅，结果被王振召到东上门，打了几十大板。王振还命下属毛长随将范质发配去做修路的苦力，并将其在大同桥带枷示众七十余日。这还没完，王振最后还把范质发配到铁岭充军，这一番手段，足见其心狠手辣。

可这堂堂的东城兵马指挥，何以如此憋屈且被人随意摆布呢？这就需要了解一下明朝的五城兵马司制度了。

五城兵马司是京都地区的基层治安机构，属于明朝的权力边缘型衙门。洪武年间，朱元璋在首都南京中心地带设置了兵马司这一机构，负责京城的治安工作。后来随着城市的扩展和人口的增多，京城治安管理的难度越来越大，于是又在京城的东、南、西、北相继设立兵马司，五城兵马司便由此而来。

成祖朱棣迁都北京之后，也效仿南京建立了五城兵马司。上文提到的东城兵马司指挥范质，就是东城这一片区的兵马司长官，职级正六品。

五城兵马司这个部门的特点就是事多权微。《明史》记载，五城兵马司的职责为"巡捕盗贼，疏理街道沟渠及囚犯、火禁之事。凡京城内外，各画境而分领之"。可以说是集公安、消防、市政管理等散权于一身。而他们平日最主要的工作，就是定时定点进行巡街，维持市场秩序，类似于现在的城管。而时不时地，他们也会充当锦衣卫、东厂、光禄寺等大型机构的杂役。《明实录》记载：宪宗时，朝廷的正三品都指挥佥事"命五城兵马司月领火夫三百入光禄寺扫除三日，月限一城，以次流转，著为令"。做一些打扫卫生的工作倒还好，但一旦成为背锅侠，就有苦说不出了。

　　《明实录》中记载了一件事，万历三十八年（1610年），京城的街道上经常

南都繁会景物图卷　明　仇英

有商户非法占地，堵塞沟渠，因而造成连年的内涝水患。针对此事，工部责令街道厅办事人员和五城兵马司联合行动，拆除那些非法占地的建筑。大明"城管"五城兵马司根据上头的指示进行强拆，可商户们不乐意了，毕竟那些都是他们辛辛苦苦建起来的帐篷、棚屋，是其小本经营的根据地。而朝廷的赔偿又不到位，他们怎能不生怨恨？如此一来，五城兵马司的人和商户势成水火，甚至还起了冲突。就在商户的人拿起一块砖头驱赶"城管"之时，有一个言官给事中偏偏来凑热闹，结果被飞出去的砖头给砸中了。

这成何体统？那位给事中一怒之下，上书皇帝，把工部和五城兵马司参了一本。称两个部门行的是苛法，竟然与百姓当街斗殴，这难道不是暴秦之政？实在是有违周孔之制，有辱公差的形象。这下事情就严重了，朝廷立刻把工部训斥了一番，毕竟拆违建之事乃是工部统筹规划的，而工部受了气，又把锅甩给了五城兵马司，认为出了这档子事儿，最主要的原因在于五城兵马司执法不当，而五城兵马司也只能乖乖地接下这个锅，毕竟在他们之下，已经没有机构可以背锅了。

王阳明：从百死千难中得来的心学

如果现在问一个孩子，梦想是什么，会得到"老师""科学家""宇航员"等很多答案。但是大明王朝有一个孩子，却从小以做圣人为目标。他十岁的时候便问老师"何为第一等事"，在封建社会，读书考科举当然是第一等事，老师的答案没有令他满意，他说道："登第恐未为第一等事，或读书学圣贤耳。"他认为读书做圣贤才是第一等事。这一回答非常惊人，之后他果然走上了他追寻的道路，他就是心学圣人王阳明。王阳明，即王守仁，本名王云，字伯安，号阳明。

清朝著名学者王士祯这样称赞王阳明："王文成公为明第一流人物，立德、立功、立言，皆居绝顶。"可谓对王阳明一生功绩的精湛总结。

王阳明取得了很多功绩，尤其是军事方面。与很多文士沉迷书本不同，王阳明非常重视儒者武备。《传习录》记载，他认为："儒者患不知兵。仲尼有文章，必有武备。区区章句之儒，平日叨窃富贵，以词章粉饰太平，临事遇变，束手无策，此通儒之所羞也。"受王阳明的影响，晚明士人有尚武之风。

少年时期的王阳明就曾走马塞外，弯弓射死两个鞑靼人。他做官后，更是出色地完成了很多平叛的任务。王阳明熟读兵法，作战时往往能出奇制胜。比如宁王朱宸濠叛乱，王阳明释放出很多迷雾弹，在宁王攻击其他城市的时候，王阳明派人去进攻宁王的老巢南昌。然后，他派兵伏击朱宸濠，仅仅三十五天，宁王就被王阳明俘虏了。

追求真理做圣贤是王阳明一直所追求的。在王阳明被贬谪到贵州龙场时，不仅克服了恶劣的环境，还积极融入当地人的生活。《明史》记载："守仁因俗化导，夷人喜，相率伐木为屋，以栖守仁。"他建立"龙冈书院"，授课育人。也是在龙场，王阳明彻底悟道，创立了自己的学说——心学。王阳明认为，"天理之在人心""心即理也""心虽主乎一身，而实管乎天下之理；理虽散在万事，而实不外乎一人之心"。心学的提出，无疑是石破天惊的，当时社会上都推崇"存天理，灭人欲"，而王阳明却肯定了人的价值。

王阳明在南昌讲学时，有一个叫王艮的人前来和他辩论，最后拜服王阳明的学问，并拜王阳明为师。之后，他还开创了泰州学派。南昌讲学，吸引了许多慕名而来的学子，王阳明的学说也愈加完善。

嘉靖七年（1528年）十一月二十九日，王阳明留下一句"此心光明，亦复何言"后溘然而逝。"军民无不缟素哭送者"。其实王阳明的一生经历了无数艰难的事情。他两次会试落第，因上了一道《乞宥言官去权奸以章圣德疏》下过诏狱，被刘瑾派人追杀写下绝命诗营造投湖的假象，建立不少军功却先后被抢夺功劳。就连武宗都要来抢王阳明平宁王叛乱的功劳。在宁王朱宸濠被抓的时候，武宗下令王阳明将朱宸濠放了，他要亲手抓朱宸濠。王阳明不仅没有得到赏赐，反而被诬陷，还被贬谪到不毛之地……可是王阳明，临终前却只说了"此心光明"。

"夫忠如守仁，有功如守仁，一屈于江西，再屈于两广。"王阳明在政治上的郁郁不得志，成就了他在哲学上的伟大。王阳明年少时做过一首诗：

> 山近月远觉月小，便道此山大于月。
>
> 若人有眼大如天，当见山高月更阔。

王阳明真正如诗中所说的，超脱了认知的局限。

许多人说王阳明先生所说的"你未看此花时，此花与汝心同归于寂；你来看此花时，则此花颜色一时明白起来"是唯心主义，其实人的境界不同，看事情的方法就不同。我们的人生需要心学来指导，做事不能心猿意马，要"心猿归正"，正如王阳明写给邹守益的信中所说：

> 近来信得致良知三字，真圣门正法眼藏。往年尚疑未尽，今自多事以来，只此良知无不具足。譬之操舟得舵，平澜浅濑，无不如意，虽遇颠风逆浪，舵柄在手，可免没溺之患矣。

只要内心致良知，坚持事上练，相信在做事时定能坚定信念，取得奇效。

第十章

桃花得气美人中：风华绝代的传奇女子

"柳"色独秀，如是将起伏的人生活成了传奇

柳如是生于明万历四十六年（1618年），自小流落，被江南名妓徐佛收养。柳如是本姓杨名爱，字影怜，后改名柳隐。她在读到辛弃疾词《贺新郎》"我见青山多妩媚，青山见我应如是"时，又取字"如是"。她"丰姿逸丽，翩若惊鸿。性狷慧，赋诗辄工，尤长近体七言，作书得虞、褚法"。

崇祯五年（1632年），柳如是被年逾花甲的大学士周道登纳为妾室。周道登经常将她抱于膝上，教她读诗学文，惹得其他妻妾不悦。等周道登死后，柳如是不得以又重回青楼。

柳如是在松江结识了陈子龙、李雯、宋征舆、宋征璧等几人。清代钮琇《觚賸》记载，娄东张溥曾经对柳如是一见倾心，但是柳如是深觉张浦不是良配。柳如是认为："今三吴之间，簪缨云集。膏粱纨袴，形同木偶。而帖括咿唔，幸窃科第者，皆伧父耳。"她不喜欢这些粗人，而是希望寻找一个博学好古的旷代逸才作为终生依托。

柳如是听闻陈子龙被称为"云间绣虎"，于是"移家结邻，觊有所遇"。虽然现在北方的边镇已经陷入战火中，但江南士大夫还是一如既往的享乐。柳如是就给陈子龙下拜帖，陈子龙为人"严正不易近"，看柳如是落款"女弟"，十分不高兴。柳如是和其他风尘女子不一样，她不称"妾"，而是以"女弟"相称，力求能得到尊重。《板桥杂记补》记载，柳如是知道陈子龙的反应后登门大骂："风尘不辨物色，何足为天下名士？"此后，两人开始了文墨之交，关系日

益亲密。

柳如是经常着男装，与几社、复社、东林党人交往，与他们谈论时事，诗词唱和。宋征璧《秋塘曲》描述了柳如是与友人泛舟秋塘的恣肆与潇洒：

江皋萧索起秋风，秋风吹落江枫红。

楼舰箫鼓互容与，登山涉水秋如许。

江东才人恨未消，郁金玛瑙盛香醪。

未将宝剑酬肝胆，为觅明珠照寂寥。

不辞风雨常避易，鲤鱼跃浪秋江碧。

长鲸泄酒殊未醉，今夕不知为何夕。

校书婵娟年十六，雨雨风风能痛哭。

自然闺阁号铮铮，岂料风尘同琭琭。

绣纹学刺两鸳鸯，吹箫欲招双凤凰。

可怜家住横塘路，门前大道临官渡。

曲径低安宛转桥，飞花暗舞相思树。

初将玉指醉流霞，早信平康是狭邪。

青鸟乍传三岛意，紫烟便入五侯家。

十二云屏坐玉人，常将烟月号平津。

骅骝讵解将军意，鹦鹉偏知丞相嗔。

湘帘此夕亲闻唤，香奁此日重教看。

乘槎拟入碧霞宫，因梦向愁红锦段。

陈王宋玉相经过，流商激楚扬清歌。

妇人意气欲何等，与君沦落同江河。

我侪闻之感太息，春花秋叶天公力。

多卿感叹当盛年，风雨秋塘浩难极。

岁朝清供图　明　柳如是

柳如是姿势洒脱的潇洒丈夫气跃然纸上。

虽然柳如是是一介女流，又沦落青楼，但她性格洒脱，志向远大，十分关心时事。清代沈虬在《河东君传》称赞她："知书善诗律，分题步韵，顷刻立就；使事谐对，老宿不如。"

柳如是与陈子龙的感情并没有维持多久，清代顾苓《河东君小传》记载："适云间孝廉为妾。孝廉能文章，工书法，教之作诗写字，婉媚绝伦。顾偶悦好奇，尤放诞。"陈子龙的放诞不羁，导致柳如是的离开。陈寅恪先生认为，柳如是与陈子龙的分开主要有两个原因：第一个是陈子龙的妻子张氏不容柳如是，而柳如是也不甘心做妾；第二个原因是陈子龙的经济水平不能满足柳如是的要求。

柳如是十分仰慕钱谦益的才华，曾扬言："天下唯虞山钱学士始可言才，我非才如学士者不嫁。"钱谦益适逢丧偶，听见柳如是这么说，隔空回应："天下有怜才如此女子者乎？我亦非才如柳者不娶。"于是，柳如是主动拜访了钱谦益，《板桥杂记补》记载：

闻虞山有钱学士谦益者，实为当今李杜。欲一见其丰采，乃驾扁舟来虞，为士人装。坐肩舆，造钱投谒。易杨以柳、易爱以是。刺入，钱辞以他往，盖目为俗士也。柳于次日作诗遣伻投之，诗内微露色相，牧翁得其诗，大惊。语阍者曰：昨投剌者士人乎？女子乎？阍者曰：士人也。牧翁愈疑。急登舆访柳于舟中，则嫣然一美姝也……

她原名杨爱，登门造访时身着男装，"易杨以柳、易爱以是"，以"柳是"的名讳拜谒。钱谦益不愿意见"柳是"这个无名小辈，以为他只不过是个俗人，推托说自己不在家。但看到他的诗作大惊，问守门人昨天投诗者是个士人吗？门房回答是士人。钱谦益存疑，因为他从诗作中读出来诗作并非出自男人手笔，于是急忙乘船访柳如是，发现柳如是"嫣然一美姝也"。

柳如是此时还很年轻，钱谦益已是一个老翁。他为了留住柳如是，建造绛云楼、我闻室。钱谦益与柳如是泛舟游湖，诗词唱和，好不快活。

崇祯十四年（1641年），五十九岁的钱谦益迎娶了二十三岁的柳如是，并在船上举行了一场盛大的婚礼。钱、柳二人大胆的举动引起人们的不满，人们纷纷往船上扔石头。但是柳如是和钱谦益蔑视世俗礼法，对此全然不在意。柳如是与钱谦益的闺房情话也成为街头巷尾谈论的话题。钱谦益对柳如是说："我甚爱卿如云之黑，如玉之白也。"柳如是回答："我亦甚爱君发如妾之肤，肤如妾之发也。"所以也就有了"春前柳欲窥青眼，雪里山应想白头"之句。

钱谦益得柳如是，如鱼得水。柳如是不仅成为他的助手与顾问："宗伯吟披之好，晚龄益笃，图史校注，唯柳是问。每于画眉余暇，临文有所讨论，柳辄上楼翻阅，虽缥缃浮栋。而某书某卷，拈示尖纤，百不失一。或用事微有舛讹，随亦辨正。宗伯悦其慧解，盖加怜重。"并且柳如是还为他接待来客：

客有挟著述愿登龙门者，杂沓而至，几无虚日。钱或倦见客，柳即与酬应。时或貂冠锦靴，时或羽衣霞帔，清辨泉流，雄谈蜂起，座客为之倾倒。客当答拜者，则肩筇舁，随女奴代主人过访于逆旅，即事拈题，共相唱和，竟日盘桓。牧翁殊不芥蒂，尝曰："此我高弟，亦良记室也。"戏称为"柳儒士"。

比起陈子龙，钱谦益和柳如是更般配，钱谦益敢冒天下之大不韪迎娶柳如是，对柳如是在那个年代越矩的行动（比如，柳如是抛头露面帮钱谦益接待客人，并与其诗词唱和）予以支持，这都是极其难得的。

如果没有后面发生的事情，那么柳如是可能对钱谦益一直保持着崇拜的态度。1645 年五月，清军攻入南京。柳如是多次劝钱谦益"是宜取义全大节，以副盛名"。而钱谦益面露难色。柳如是愤然投湖，幸亏救助及时，才保住了性命。

明末清初吴伟业《鹿樵纪闻》记载，钱谦益投靠了清军："豫王兵至城下，见门未启，遣使呼曰：即迎天兵，何闭也？有老人登城应曰：自五鼓候此，待城中稍定，即出谒。骑曰：若为谁？复自喝曰：礼部尚书钱谦益。"

为豫亲王多铎打开城门的竟然是在文士之间享有盛名的钱谦益。史敦《恸余杂记》记载，"豫王南下江南，下令剃头"，钱谦益听到风声，对家人说自己头皮痒，家人以为他要去用篦子篦头发，没想到过了不久，钱谦益从外面回来，且已经剃发，留着辫子回来了。当时有诗嘲讽他：

钱公出处好胸襟，山斗才名天下闻。

国破从新朝北阙，官高依旧老东林。

钱谦益殷勤地投靠清军，令柳如是不齿。清朝也没有把钱谦益当回事，钱谦益并没有受到重用。灰头土脸的钱谦益为了挽回自己已经丢失的晚节，暗中支持反清人士。

尽管钱谦益并未按照柳如是所想的那样以身殉国，但柳如是还待钱谦益一往如既，更是在钱谦益银铛入狱时多方营救，这使得钱谦益大为感动："恸哭临江无孝子，从行赴难有贤妻。"

清康熙三年（1664 年）五月二十四日，八十三岁高龄的钱谦益离世，"族子钱曾等为君求金，要挟蜂起，于六月二十八日自经死"。钱谦益死后，柳如是因家产被钱氏族人逼迫死亡。钱谦益活着的时候，柳如是在钱家可以得到庇佑。等到钱谦益死后，钱氏族人对这位小妾掌管家中财务的不满全部搬到了台面上。柳如是以死抗争，绝代风华、凌然有才子气的河东君最终自绝于离乱的世道。

柳如是才艺双绝，诗词书画俱佳，"琅琅数千言，艳过六朝。情深班、蔡，人多奇之"。更重要的是，她在那个时代发出的声音绝对是振聋发聩的，似一声巨响划破时代的长空。在女子没有话语权的封建社会，她勇敢走出闺阁，与须眉谈论天下大事。她对朋友说："中原鼎沸，正需大英雄出而戡乱御侮，应如谢东山运筹却敌，不可如陶靖节亮节高风。如我身为男子，必当救亡图存，以身报国！"

柳如是是清醒的。她不甘于沦为男人的附庸，渴望有自己的作为。同时，她又是幸运的，遇到了懂她支持她的钱谦益。虽然钱谦益晚年贪生怕死，但不可否认的是，他给予柳如是莫大的赞赏与支持。只不过她的力量太弱小了，终究没有斗得过那不平的世道。

人间再无桃花扇：生而为女子，我亦有风骨

李香君，原名李香，苏州人，是南京秣陵教坊的名妓。余怀《板桥杂记》记载："李香，身躯短小，肤理玉色，慧俊婉转，调笑无双，人名之为'香扇坠'。余有诗赠之云：'生小倾城是李香，怀中婀娜袖中藏。何缘十二巫峰女，梦里偏来见楚王。'"

李香君是小巧玲珑的美女，聪慧有侠气。这很可能是受其养母的影响。明末清初散文家侯方域《李姬传》记载，李香君的母亲叫李贞丽。李贞丽这个人

比较有侠气，曾经和人赌博，一晚上输尽千金。她所结交的都是当世豪杰，尤其是与宜兴人陈贞慧关系特别好。

李香君"少风调皎爽不群"，爽朗大方，超迈他人。她读过一些书，能分辨出士大夫是否贤明。张溥、夏允彝都很欣赏她。李香君十三岁时，跟随吴人周如松学习汤显祖的玉茗堂四部传奇剧本《紫钗记》《还魂记》（也称《牡丹亭》）《南柯记》《邯郸记》，"皆能尽其音节"，连曲调中的委婉曲折等细微变化都能表现出来。她非常擅长琵琶词，但是不轻易给别人表演。

崇祯十二年（1639年），侯方域在金陵结识了李香君。"姬尝邀侯生为诗，而自歌以偿之。"最令侯方域赞叹的是，李香君有胆略、见识和风骨。阮大铖因依附于魏忠贤而被判罪，退居金陵。当时很多清流都排斥和抨击他，尤以陈贞慧、吴应箕最为有力。阮大铖出于无奈，想让侯方域从中斡旋，于是让他的好朋友王将军每天送来美酒美食与侯方域一起交游。

李香君对此感到疑惑，她对侯方域说："王将军家贫，不是喜欢结交名流的人，你为什么不问他到底是什么意思呢？"侯方域听了李香君的话，再三追问，王将军才将他受托于阮大铖的事情说出来。

李香君和侯方域悄悄地说："妾少从假母识阳羡君，其人有高义，闻吴君尤铮铮，今皆与公子善，奈何以阮公负至交乎！且以公子之世望，安事阮公！公子读万卷书，所见岂后于贱妾耶？"意思是，我从小跟随母亲与阳羡君陈贞慧相识，其人有高义，听说吴应箕也是铁骨铮铮。现在他们都和公子交往得很好，公子怎么能因阮大铖而背弃这些至交呢？而且公子你出身名门世家，怎么能屈从于阮大铖这样的人呢？公子您读过万卷书，您的见识应该不会比贱妾差吧？

侯方域听到李香君如此说，认为她说得很有道理，就假装喝醉了，卧倒就睡。王将军只好怏怏离去，不再与侯方域来往。至此，侯方域也得罪了阮大铖。

侯方域科考落第。李香君在桃叶渡设酒为侯方域饯行，"歌琵琶词以送之"，她对侯方域说："公子才名文藻，雅不减中郎。中郎学不补行，今琵琶所传词固妾，然尝昵董卓，不可掩也。公子豪迈不羁，又失意，此去相见未可期，愿终自爱，无忘妾所歌琵琶词也！妾亦不复歌矣！"

李香君用蔡邕的故事提醒侯方域：公子的才气足以和蔡邕相比，但是蔡邕曾经依附董卓，这一点是抹杀不掉的污点。公子您豪迈不羁，又失意，下次相见不知道何年何月，愿您始终自爱，别忘了妾给您唱的琵琶词。从今往后，妾也不再唱此曲了。

李香君在当时名噪一时，余怀《板桥杂记》记载："武塘魏子中为书于粉壁，贵阳杨龙友写崇兰诡石于左偏，时人称为三绝。由是，香之名盛于南曲，四方才士，争一识面以为荣。"侯方域走后，原淮阳巡抚田仰以三百镪黄金为聘，邀李香君相见，但被李香君拒绝了。这让田仰十分恼火，便散布流言蜚语中伤李香君。李香君感叹道："田公岂异于阮公乎？吾向之所赞于侯公子者谓何？今乃利其金而赴之，是妾卖公子矣！"意思是，田仰难道和阮大铖有什么不同吗？我欣赏的侯方域公子是什么样的人呢？如果我因为这些钱财而赴约，这就是背叛侯公子了。所以李香君不愿意与田仰见面。

秦淮无语话斜阳，家家临水应红妆。春风不知玉颜改，依旧欢歌绕画舫。谁来叹兴亡！

青楼名花恨偏长，感时忧国欲断肠。点点碧血洒白扇，芳心一片徒悲壮。空留桃花香。

据说孔尚任在写《桃花扇》时，走访了很多明朝遗老。《桃花扇》中说侯方域为了躲避阮大铖的迫害投奔史可法，参赞军务。李香君不畏强权，誓死抵抗阮大铖和田仰的威胁，血溅侯李的定情扇。杨龙友将带血的扇子点缀成桃花扇。后来，李香君被逼入宫中教戏，侯方域也被捕入狱。

更讽刺的是，侯方域和李香君忠诚的南明朝廷如此懦弱和不堪，清军渡江后，弘光小朝廷君臣逃脱。侯方域在动乱中出狱后，躲避在栖霞山。在白云观和心爱的李香君相遇。但此时国破家亡，备受打击的侯李二人在道士的点化下出家。

《桃花扇》是文学作品，将侯李二人爱情的渲染与国仇家恨的伤痛糅合在一起，引起当时很多明朝遗民的阵痛与现今读者强烈的共鸣。李香君的结局真的如《桃花扇》所讲的那样出家了吗，真相已不得而知。但是从侯方域等人的记载来看，李香君作为弱质女流，以一己之力反抗强权和奸佞，不媚俗、不依附的骨气令很多文人士大夫都汗颜！

陈圆圆：姹紫嫣红开遍，莫问奴归处

陈圆圆，原姓邢，名沅，字圆圆。她年幼时父母双亡，被姨妈收养，随姨父姓陈。谁知姨妈家经济条件不佳，陈圆圆被姨父卖入梨园。清代邹枢《十美词纪》记载："陈圆者，女优也。少聪慧，色娟秀，好梳倭堕髻，纤柔婉转，就之如啼。演《西厢》，扮贴旦红娘脚色，体态倾靡，说白便巧，曲尽萧寺当年情绪。"陈圆圆可谓色艺双绝。

陈圆圆和冒辟疆有过一段情。冒辟疆，本名冒襄，字辟疆，号巢民，又号朴庵、朴巢，他和陈贞慧、方以智、侯方域并称为"金陵四公子"。冒辟疆说，他在许忠节的邀请下，见到了陈圆圆。陈圆圆"其人淡而韵，盈盈冉冉，衣椒茧时，背顾湘裙，真如孤鸾之在烟雾。是日演弋腔《红梅》以燕俗之剧，咿呀啁哳之调，乃出之陈姬身回，如云出岫，如珠在盘，令人欲仙欲死"。陈圆圆不仅有着淡雅的风韵，她弹奏的技艺也很高超，令人欲仙欲死。

之后冒辟疆约陈圆圆再次见面。陈圆圆回答："光福梅花如冷云万顷，子越旦偕我游否？则有半月淹也。"陈圆圆提出一起赏梅花。但是冒辟疆要省亲，所以和陈圆圆约定等到大概八月，他省亲归来，与陈圆圆一起游"虎丘丛桂间"。

等到冒辟疆归来，听说陈圆圆已被"窦霍豪家掠去"，心中十分悲痛。等到冒辟疆赶往阊门，他和友人诉说自己的故事，有"佳人难再得"之叹。这时，那位友人告诉他："子误矣！前以势劫会者，赝某也。某之匿处，去此甚迩，与子偕往。"原来，陈圆圆侥幸逃过一劫，被掳走的不是真的陈圆圆。冒辟疆打听到陈圆圆现在的藏身之处离他很近，所以和友人一同前往。

陈圆圆画像

再次见到冒辟疆的陈圆圆很高兴。一来二往，陈圆圆决定托付终身。陈圆圆对冒辟疆说："余此身脱樊笼，欲择人事之。终身可托者，无出君右。适见太恭人，如覆春云，如饮甘露，真得所天。子毋辞！"陈圆圆将冒辟疆视作终生依附，想要托身于他。但是冒辟疆却拒绝了，他说："天下无此易事。且严亲在兵火，我归，当弃妻子以殉。两过子，皆路梗中无聊闲步耳。于言突至，余甚讶。即果尔，亦塞耳坚谢，无徒误子。"自己的父亲还在兵火中，他不会考虑结亲的事情。之前两次寻访你，只是因为无聊打发时间。你突然说这样的话，我感到很惊讶，我就当没听见，不想耽误你。陈圆圆听冒辟疆这样说，表示："君倘不终弃，誓待昆堂上画锦旋。"等冒辟疆将父亲接回来，他们可以再成亲。冒辟疆见陈圆圆如此坚持，也同意了："若尔，当与子约。"

如果事情真的能按照陈圆圆所想发展就好了，那样她就可以依附冒辟疆在乱世活下去。然而，陈圆圆却被"窦霍门下客以势逼去"，没能等到心心念念的冒辟疆。冒辟疆听闻此事后，"怅惘无极，然以急严亲患难，负一女子无憾也"。冒辟疆很是怅惘，但是因为救自己的父亲辜负一个女子，对于他来说，则不算是一件憾事。冒辟疆凉薄至此，不知陈圆圆听后，会作何感想。

这里所说的"窦霍门下客"，指的是田弘遇。田弘遇是崇祯帝的田贵妃的父亲，他仗着田贵妃受宠，所以骄横跋扈。张岱《石匮书后集》记载：

> 南海进香，携带千人，东南骚动。闻有殊色，不论娼妓，必百计致之，遣礼下聘必以蟒玉珠冠，餍以姬侍。入门三四日，即贬入滕婢，鞭笞交下。进香复命，歌儿舞女数百人礼币方物载满数百余艘。路中凡遇货船客载，卤掠一空。地方有司不敢诘问。

由此可以想见，田弘遇是如此丧心病狂。其所作所为，罄竹难书。陈圆圆落入这样的人手中，自然是一场劫难。

田弘遇为了得到陈圆圆花了一番功夫。陈圆圆曾经在邹枢家演戏，邹枢《十美词纪》记载，陈圆圆"后为田皇亲以二千金酬其母，挈去京师"。田弘遇如此大费周章，很可能是为了将陈圆圆献给达官贵胄以谋求政治资本，或是田贵妃病故，田弘遇想将陈圆圆献给皇帝以获得庇佑。毕竟在那时，大臣在民间搜刮美貌女子献给君王的事情屡见不鲜。比如，明末孙承泽《思陵典礼记》记载："庚辰、辛巳之间，大珰曹化淳辈使人于南中用重价买得歌舞女子数人，上甚宠之，即辛巳册立为嫔者是也。缘是累月，未与妃相见。"

那么，陈圆圆又是如何从田弘遇身边到吴三桂手里的呢？李自成攻入北京时，陈圆圆已被吴三桂买去。明末清初史学家计六奇《明季北略》记载：

> 先是，十六年春，田皇亲游南京，挈名妓陈沅、顾寿而北，田还京病死，三桂使人持千金买陈沅去。自成入京，刘宗敏系吴襄，索沅不得，拷掠酷甚。

清代陆次云《圆圆传》记载，吴三桂在田弘遇的家宴上见到陈圆圆，"出群姬调丝竹，皆殊秀。一淡妆者，统诸美而先众音，情艳意娇"。田弘遇于是成全了吴三桂，将陈圆圆送给了吴三桂。之后，刘宗敏俘虏了吴三桂的父亲及其家人，陈圆圆自然在内。然后就发生了著名的"冲冠一怒为红颜"。《明史》记载：

> 初，三桂奉诏入援，至山海关，京师陷，犹豫不进。自成劫其父襄，作书招之，三桂欲降。至滦州，闻爱姬陈沅被刘宗敏掠去，愤甚，疾归山海，袭破贼将。自成怒，亲部贼十余万，执吴襄于军，东攻山海关，以别将从一片石越关外。三桂惧，乞降于我大清。

吴三桂听说父亲被李自成抓了，准备投降李自成。但又听说爱妾陈圆圆被刘宗敏掠去，十分愤怒，于是带兵回到山海关，准备和李自成战斗到底。在清军和吴三桂军队的联合绞杀下，李自成军队败溃。吴三桂在战火中找到陈圆圆，二人重聚。

虽然陈圆圆曾经得到过吴三桂的宠爱，但色衰而爱弛，陈圆圆作为一个小妾，又如何能像普通人一样享受到夫妻恩爱的幸福呢？抱阳生《甲申朝事小纪》记载，吴三桂穷奢极欲，"采买吴伶之年十五者，共四十人为一队"，在这样的背景下，陈圆圆的晚年想必过得未必幸福。

关于陈圆圆的结局，众说纷纭。一说陈圆圆出家，"布衣蔬食，礼佛以毕此生"。一说陈圆圆是在吴三桂叛乱失败后死亡的。清代孙旭《平吴录》记载："桂妻张氏前死，陈沅及伪后郭氏俱自缢。一云陈沅不食而死。"一说在吴三桂兵败之前，陈圆圆就已经去世了。清代刘健《庭闻录》记载："辛酉城破，圆圆先死。"一说陈圆圆隐居了，"三桂死，圆圆犹在"。无论陈圆圆以哪种结局离世，她被人谈论的依然是"冲冠一怒为红颜"的逸事。

有些人把陈圆圆比作红颜祸水，认为如果没有她，吴三桂不会降清，明朝也不会那么快灭亡。这就有些言过其实了。吴三桂做出联合清军的决定不假，如果说完全是为了陈圆圆却值得商榷。"冲冠一怒为红颜"最早出自吴伟业的诗作《圆圆曲》，本是文学作品，难免存在牵强附会的成分。并且关于李自成为陈圆圆怒而回山海关的说法也出现得较晚，并不十分可信。抛开这些史料不谈，能走到吴三桂这一位置，如果仅为红颜就可以改变自己的人生走向以及国家走向，未免有些儿戏。即便有这回事，那么，吴三桂的决定才是导致清军入关的最主要原因，而不是陈圆圆。

关于陈圆圆的各种传说甚嚣尘上，而今再回首，发现陈圆圆的各种风月往事对于她来说都是悲剧。她于明末流落青楼，想要从良却一直不得。明末李介立《天香阁随笔》记载，江阴贡修龄之子贡若甫曾经纳陈圆圆为妾，但不被主母所容。她想要跟随冒辟疆，冒辟疆却屡次推托。她先后被田弘遇、刘宗敏掳掠，受尽屈辱。即便最后跟随吴三桂，也并没有得到幸福。

也许，在乱世，青楼女子奢求幸福本就是奢望。陈圆圆就像蒲公英一样，一生受乱世摆布，半点不由自己做主。我们无须知道陈圆圆魂归何处，也许对于她来说，被世人遗忘，连同屈辱的往事一起埋葬，就是最好的结局。

拼得一命酬知己：董小宛的痴情与错付

晚明才子冒辟疆在晚年曾作《影梅庵忆语》来怀念他和爱妾董小宛的过往。影梅庵是冒辟疆的书斋名。冒辟疆在文章开头就说明"不能自传其爱，何有于饰"，强调自己所说的都是真实发生的事情，记录的都是真情实感。这部回忆录写得情真意切，缠绵缱绻，令捧读它的人都深受震撼，为冒辟疆和董小宛在乱世之中爱而弥坚的真情所打动。

冒辟疆和董小宛可谓那个时代的才子佳人。冒辟疆出生于显赫的如皋冒氏，从小学习诗书，十四岁便出版了自己的个人诗集《香俪园偶存》。当时书画家董其昌为其作序，将他比作"初唐四杰"之一的王勃，希望他可以"点缀盛明一代诗文之景运"。而且，他还长得风流倜傥，是很多女子倾慕的对象。与他有来往的张明弼在《冒姬董小宛传》中称赞他："其人姿仪天出，神清彻肤。余尝以诗赠之，目为'东海秀影'。所居凡女子见之，有不乐为贵人妇，愿为夫子妾者无数。"

从小就优秀的冒辟疆载着众人的期望，踏上了科举的路途。但是事情并没有他预想的那么顺利，甚至非常糟糕。他先后六次到南京参加乡试都落第。这对于自视甚高的冒辟疆来说，无疑是巨大的打击。

金陵红粉之地，冒辟疆在此流连，结识了不少满腹经纶却报国无门的才子，更结识了两位对他很重要的女子——董小宛和陈圆圆。

南京贡院和秦淮青楼离得很近。崇祯十二年（1639年）初夏，前来参加考试的冒辟疆遇到好友方以智，方以智的一段话促成了冒辟疆与董小宛的第一次见面。方以智说："秦淮佳丽，近有双成，年甚绮，才色为一时之冠。"或许是命运弄人，冒辟疆前去见董小宛却扑了个空，因为此时董小宛并不在南京，而是去了苏州。

就这样一晃几个月，乡试结束后，再次落第的冒辟疆到苏州游玩，又多次前往董小宛居住的半塘，想要与她见上一面。旅程结束前，冒辟疆终于见到了董小宛。在他眼中，董小宛"面晕浅春，缬眼流视，香姿玉色，神韵天然；懒慢不交一语"，董小宛长得天姿国色，举止温婉动人。两人第一次邂逅，冒辟疆已近而立之年，而董小宛则是二八芳龄。

董小宛，是拥有绝代风情的奇女子。余怀《板桥杂记》记载：

董白，字小宛，一字青莲，天姿巧慧，容貌娟妍，七八岁时阿母教以书翰，辄了了。少长顾影自怜，针神曲圣，食谱茶经，莫不精晓。性爱闲静，遇幽林远涧，片石孤云，则恋恋不忍舍去。至男女杂坐，歌吹喧阗，心厌色沮，意弗屑也。

慕吴门山水，徙居半塘，小筑河滨，竹篱茅舍，经其户者则时闻咏诗声或鼓琴声，皆曰："此中有人。"

董小宛厌倦了灯红酒绿的生活，向往闲云野鹤、与山水为伴的自在。她不仅长得美丽，而且天资巧慧，"针神曲圣，食谱茶经，莫不精晓。"然而，董小宛这样的奇女子并没有俘虏冒辟疆这位花花公子的心。在冒辟疆心里，陈圆圆的分量比董小宛重得多。

陈维崧在《妇人集》中记载了冒辟疆对陈圆圆的评价："如皋冒先生尝言妇人以姿致为主，色次之。碌碌双鬟，难其选也。蕙心纨质，澹秀天然。生平所觏，则独有圆圆耳。"冒辟疆本人也极力称赞陈圆圆，称其演奏"如云出岫，如珠在盘，令人欲仙欲死"。陈圆圆也似乎对冒辟疆芳心暗许："君倘不终弃，誓待君堂上昼锦旋。"只可惜，陈圆圆后来被掳走，"冒陈恋"也至此画上了句号。

陈圆圆的事情让冒辟疆大为惆怅，他偶过一桥，见一小楼立于河岸边，打听知道是董小宛住在此处。时隔三年再次相见，董小宛缠绵病榻，对冒辟疆表白："我十有八日寝食俱废，沉沉若梦，惊魂不安。今一见君，便觉神怡气王（旺）。"冒辟疆屡别，董小宛屡留。"由浒关至梁溪、毗陵、阳羡、澄江，抵北固，越二十七日，凡二十七辞，姬唯坚以身从。"登金山时，董小宛对江发誓："妾此身如江水东下，断不复返吴门！"董小宛已经要誓死追随冒辟疆了。

董小宛的执着让冒辟疆感到无所适从，冒辟疆显然没有这样的打算，言语尽显推托搪塞。告别董小宛后，冒辟疆感觉如释重负。后来，董小宛为其前后的奔走、冒辟疆妻子的乐意成全、钱谦益的资金援助与帮董落籍等事，让冒董二人的亲事正式结成。

嫁入冒家的董小宛可谓最贤的妾。她一改往日的穿着打扮，洗尽铅华，把冒辟疆伺候得舒舒服服，把冒家打理得井井有条，同时又不失生活格调，据冒辟疆记载：

烹茗剥果，必手进；开眉解意，爬背喻痒。当大寒暑，折胶铄金时，必拱立座隔，强之坐饮食，旋坐旋饮食，旋起执役，拱立如初。

于女红无所不妍巧，锦绣工鲜。刺巾裾如蚁无痕，日可六幅。剪彩织字、缕金回文，各厌其技，针神针绝，前无古人已。

姬于含蕊时，先相枝之横斜，与几上军持相受，或隔岁便莫剪得宜，至花放恰采入供。

姬不私铢两，不爱积蓄，不制一宝粟钗钿。

除了经营家中"诸多琐事"，董小宛还扮演着红颜知己的角色。红袖添香夜读书，董小宛不仅陪伴冒辟疆，还经常为他做一些誊抄的工作，遇到难以抉择之处，夫妻二人还会共同商定。

最让冒辟疆感激的是，董小宛在他生病的时候给予他无微不至的照顾。董小宛经常是这样的：

姬仅卷一破席，横陈榻旁，寒则拥抱，热则披拂，痛则抚摩。或枕其身，或卫其足，或欠伸起伏，为之左右翼。凡痛骨之所适，皆以身就之。鹿鹿永夜，无形无声，皆存视听。汤药手口交进，下至粪秽，皆接以目鼻，细察色味，以为忧喜。日食粗粝一餐，与吁天稽首外，唯跪立我前，温慰曲说，以求我之破颜。余病失常性，时发暴怒，诟谇三至，色不少忤，越五月如一日。

冒辟疆生病时，董小宛就睡在冒辟疆床榻边的破席上，无论冒辟疆感受到冷暖，或是疼痛，都能及时给予照应。吃药和排泄，董小宛都要查看是否有利于病人，是否有所好转。面对冒辟疆的坏脾气，董小宛也平心静气地处理。而且这样伺候病人的日子不是一两个月。冒辟疆在顺治二年（1645年）到顺治六年（1649年）内，竟然生了三次大病，加起来缠绵病榻逾两年之久。冒辟疆谈到此，深情地说："微姬力，恐未必能坚以不死也。"如果没有董小宛悉心的照料，那么冒辟疆可能早已命入黄泉。

与董小宛的深情付出相比，冒辟疆就显得有些薄情了。在苏州时，尚在病中的董小宛将真心相许，但冒辟疆却找借口溜了。董小宛发誓："妾此身如江水东下，断不复返吴门。"但这也改变不了冒辟疆的心意，冒辟疆诚实地说："余虽怜姬，然得轻身归，如释重负。"甲申之变发生后，"余即于是夜一手扶老母，一手曳荆人，两儿又小，季甫生旬日，同其母付一信仆偕行，从庄后竹园深箐中蹒跚出，维时更无能手援姬"。在逃难中，冒辟疆一手拉着母亲，一手拉着妻子，没有余力顾及董小宛。此时的董小宛"姬一人颠连趑趄，仆行里许"，自己艰难逃亡。董小宛事后也表现出理解："当大难时，首急老母，次急荆人、儿子、幼弟为是。彼即颠连不及，死深箐中无憾也。"

清兵南下之际，冒辟疆在逃亡时对董小宛说："此番溃散，不似家园，尚有左右之者，而孤身累重，与其临难舍子，不若先为之地。我有年友，信义多才，以子托之。此后如复相见，当结平生欢，否则听子自裁，毋以我为念。"这段话从表面上看是冒辟疆想将董小宛托付给朋友，实际是他觉得董小宛是个累赘，自己逃跑时带在身边不方便。聪明的董小宛估计听到冒辟疆的这番言论，内心充满了寒意吧。

顺治八年（1651年）正月，董小宛溘然长逝，年仅二十七岁。冒辟疆作了《亡妾董氏小宛哀辞》，在其序中，他深情地说："与子至情可忘，至性不可忘；衾枕可捐，金石不可捐。"冒辟疆也表示："余一生清福，九年占尽，九年折尽矣！"

然而冒辟疆并未改风流成性的秉性，即便在《影梅庵忆语》中对董小宛深情表白，但仍然不能忽略他身边总是不乏美女的事实。比如，陈维崧在《吴姬扣扣小传》中提到的"吴扣扣"："姬姓吴氏，小字扣扣，名湄兰，字湘逸，真州人。久家如皋，冒巢民先生侍儿也。"再比如，在董小宛病逝几年后，冒辟疆还纳了蔡女萝和金晓珠为妾。很多人了解冒董恋后为董小宛不值，但董小宛对冒辟疆义无反顾。这到底是什么原因呢？

首先，选择冒辟疆是董小宛在困厄中做出的决定。当时陈圆圆被掳走，董小宛"为势家所惊，危病十有八日。母死，镭户不见客"。在乱世，董小宛生如浮萍，但她厌恶曲意逢迎的日子，又担心自己的安危。她认为冒辟疆家世显赫，即便做妾，也能有一方栖身之所，比在外面风雨飘摇要过得安稳。所以勇敢追求冒辟疆，实则是她乱世求生的无奈之举。当然，这与当时董小宛对冒辟疆的倾慕有多少并不矛盾。

其次，受封建男权思想的影响。董小宛对冒辟疆的无悔付出，来自其内心根深蒂固的封建思想。所以她一进家门，便"扃别室，却管弦，洗铅华，精学女红，恒月余不启户"，做起贤妻良母。她曾说："竭我心力，以殉夫子。夫子生而余死犹生也，脱夫子不测，余留此身于兵燹间，将安寄托？"董小宛为了冒辟疆，无怨无悔。即便自己死了，只要冒辟疆活着，那她就像活着。如果冒辟疆遭遇了不测，那么她在兵荒马乱的年代，该寄托何处呢？

卞玉京的"除却巫山不是云"

卞玉京，名赛，又名赛赛，字云装，玉京是她的道号。卞玉京"知书，工小楷，能画兰，能琴"，是一个多才多艺的歌妓。她十八岁时，"侨虎丘之山塘"。虽然卞玉京身在红尘是非地，但自性高洁，"所居湘帘棐几，严净无纤尘，双眸泓然，日与佳墨良纸相映彻"。

吴伟业，字骏公，号梅村，别署鹿樵生、灌隐主人、大云道人，明末清初著名诗人。吴伟业自述："与鹿樵生一见，遂欲以身许。酒酣，拊几而顾曰：'亦有意乎？'生固为若弗解者，长叹凝睇，后亦竟弗复言。"卞玉京对吴伟业可谓一见钟情，想要以身相许。酒酣之际，她问吴伟业是否也有此意，吴伟业没有回答，只是长叹凝视。也许在吴伟业看来，他与卞玉京只不过是一晌贪欢，吴

窈窕子苍峙晓脸晴蓝四洛浦竞芳言
灵博云湄扬州观河泪盥二步洛神
己酉春日写 雪斋孙克弘

玉堂芝兰图　明　孙克弘

伟业在《醉春风》中这样写道：

　　眼底桃花媚，罗袜钩人处。四肢红玉软无言，醉、醉、醉。小阁回廊，玉壶茶暖，水沉香细。
　　重整兰膏腻，偷解罗襦系。知心侍女下帘钩，睡、睡、睡。皓腕频移，云鬟低拥，羞眸斜睇。

　　满是旖旎情事，但其中的真情有几分还真的需要细细考量。卞玉京从此以后再也没有提起此事。与董小宛执着追求冒辟疆相比，卞玉京只是偶然提及便不复谈，也许是清高、矜持的性格使然。吴伟业曾说："与之久者，时见有怨恨色。问之，辄乱以它语。"卞玉京脸上时常有怨恨色，但是问她原因，她却不肯说，只以其他言语搪塞。

166　　　　带着指南回大明

吴伟业挣脱不了礼教，放不下名声，不想与自己的家人起争执，更没有冒天下之大不韪的勇气，短暂的欢好过后，卞玉京和吴伟业分别。

时隔多年，吴伟业都没有听说过卞玉京的消息。直到顺治七年（1650年），在常熟，卞玉京寄寓一故人家中，钱谦益知道吴卞二人的往事，便主动张罗为他们二人安排一场宴会。吴伟业也是满心期待。卞玉京和柳如是是闺中好友，卞玉京真的来了，但是没来赴宴，而是径入内宅，"屡呼之，终不肯出"。吴伟业有些失望和伤心，他叹息道："吾自负之，可奈何！"吴伟业也知道是自己有负卞玉京在前，怨不得卞玉京不与他相见。

卞玉京为什么要来却又不出去相见呢？吴伟业在《琴河感旧》的序文中说，卞玉京"已托病痁，迁延不出"，他"知其憔悴自伤，亦将委身于人矣"。生病是托词，真实的原因是卞玉京即将委身于人，不想与他再见面。但是卞玉京又为何要来呢？恐怕连她自己都不愿意承认，她至今仍放不下吴伟业吧。"青山憔悴卿怜我，红粉飘零我忆卿。"这段情，倒是剪不断，理还乱。

数月后，卞玉京去见了吴伟业一面，有婢女柔柔跟随。卞玉京身着黄衣，打扮成道人的模样。她流着泪向吴伟业诉说她目睹南明覆灭的惨状，自己也零落成泥，并为其弹奏了几曲。亡国之悲与辜负卞玉京的痛苦聚集在吴伟业的胸中，他遂作了一首《听女道士卞玉京弹琴歌》：

......

坐客闻言起叹嗟，江山萧瑟隐悲笳。

莫将蔡女边头曲，落尽吴王苑里花。

卞玉京后来去了哪里呢？吴伟业说她曾东归一诸侯，但是过得不满意，便将婢女柔柔留在府中，自己离开了。她最后又归吴，得到良医郑保御的收留。郑保御已经七十岁了，为卞玉京筑别馆以居。由此可以推测，卞玉京此时寻找

的是经济上的庇护。卞玉京长斋绣佛，持课诵
戒律甚严。为了报答郑保御
的恩情，她用了三年的时
间，为其刺舌血抄写了一
部《法华经》。由此可见，卞
玉京对郑保御的感激，也可以看
出卞玉京性格高傲，有强烈的自尊
心，有恩必报。

白玉壶　明

十年后，卞玉京去世，葬在惠山祇陀庵
锦树林。对于吴伟业来说，他对卞玉京充满了思念与愧疚，卞玉京不幸的人生，
与他似乎有丝丝关联。如果当时他接受了卞玉京，也不至于让她遭受这么多苦
难。谁也没想到当初的爱恋能发展成为此后漫长的思念："薄幸萧郎憔悴甚，此
生终负卿卿。姑苏城上月黄昏。绿窗人去住，红粉泪纵横。"

吴伟业也许时常会回忆起有怨恨色的卞玉京，她到底在怨恨什么？后来的
吴伟业应该明白，或许卞玉京怨恨的就是她不自主的身世，怨恨的就是她无枝
可依的困境，一腔孤愤，如何不怨？

娟娟静美，跌宕风流：侠女寇白门万金赎男人

寇白门，秦淮八艳之一。余怀《板桥杂记》记载：

寇湄，字白门。钱虞山诗云："寇家姊妹总芳菲，十八年来花信迷。今日秦
淮恐相值，防他红泪一沾衣。"则寇家多佳丽，白门其一也。白门娟娟静美，跌
宕风流，能度曲，善画兰，粗知拈韵，能吟诗，然滑易不能竟学。

寇白门娟娟静美，跌宕风流，精通书画和音律。清代丁澎在《听石城寇白弦索歌》的序中，更是称寇白门"十三善为秦声，妙极诸艺，靓容纤饰，倾动左右，王孙戚里诸贵人车骑填狭斜间"。可见，寇白门当时是非常受欢迎的歌妓。

在寇白门十八九岁时，"为保国公购之，贮以金屋，如李掌武之谢秋娘也"。保国公指的是朱国弼，明初抚宁侯朱谦[①]的七世孙。朱国弼迎娶寇白门时，场面相当隆重，陈维崧《妇人集》记载："朱保国公娶姬时，令甲士五十，俱执绛纱灯，照耀如同白昼。"这样盛大隆重的婚礼，无论朱国弼是重视抑或是炫耀，寇白门能得此珍视，于她而言，应该是欣喜的。

然而好景不长，"甲申三月，京师陷。保国公生降，家口没入官"。朱国弼投降了清廷，成为俘虏，他的家眷也跟着遭了殃。面对这样的光景，朱国弼没有坐以待毙，他需要大量的钱维持生计和打点运作，好让自己早日摆脱囚徒的生活。于是他开始贱卖家中的妾室。

寇白门自知自己难逃被贱卖的命运，便对朱国弼说："公若卖妾，计所得不过数百金，徒令妾落沙咤利之手。且妾固未暇即死，尚能持我公阴事。不若使妾南归，一月之间，当得万金以报。"意思是，你要是将我卖了，不过能得到数百金。但是如果让我南归，我一个月就能筹措万金来报答你。朱国弼想了想，也觉得有道理，于是寇白门"匹马短衣，从一婢南归"。寇白门果然没有食言，"越月果得万金"。人们欣赏寇白门一诺千金的举动，称赞其为"女侠"。

有学者认为，寇白门很有可能参与了反清复明的活动中，钱谦益有诗"丛残红粉念君恩，女侠谁知寇白门"，以及吴伟业有诗"一舸西施计自深，今日只因勾践死，难将红粉结同心"等都隐晦地表达了寇白门为国的侠义行为，所以才被称为"女侠"。

南归后的寇白门"筑园亭，结宾客，日与文人骚客相往还，酒酣耳热，或

---

①抚宁侯朱谦：朱谦因功被封为抚宁伯。在他去世六年后，被追封为抚宁侯。

歌或哭，亦自叹美人之迟暮，嗟红豆之飘零也"。寇白门"筑园亭，结宾客"，极有可能是为了筹措资金，当日朱国弼千金为她赎身，她以万金筹还。曾经她以为自己飘零半生可以寻一个可靠的人依靠，到头来，却差点被自己所倚赖的人贱卖，这是何等辛酸和讽刺。

寇白门也曾跟从扬州的一个孝廉，但是不得志，仍回了金陵。有胆气讲信义的寇白门，在临终前并未享受到一抹暖色，清凉而终，余怀《板桥杂记》记载：

> 卧病时，召所欢韩生来，绸缪悲泣，欲留之同寝，韩生以他故辞，执手不忍别。至夜，闻韩生在婢房笑语，奋身起唤婢，自笞数十，咄咄骂韩生负心禽兽行，欲啮其肉。病逾剧，医药罔效，遂以死。

寇白门卧病在床，想要让和她交好的韩生陪陪她，韩生却推托自己有其他事情，寇白门拉着他的手不忍与他分别。但是到了晚上，寇白门却听见韩生和婢女在婢房调笑，寇白门又气又感凄凉，大骂韩生负心薄幸。但是她经此一事，病情越来越严重，药石无医，最终化为一缕香魂飘散而去。钱谦益《金陵杂题》云：

> 丛残红粉念君恩，女侠谁知寇白门？
> 黄土盖棺心未死，香丸一缕是芳魂。

寇白门晚景凄凉，正应了傅山的那句话："名妓失路，与名士落魄，赍志没齿无异也。"名妓和名士都不容于世俗，被社会抛弃，可谓世态人情的缩影。当以色事人的名妓年老色衰，又有谁真的能将她们放在心上呢？孤苦凄凉的她们又将如何泅渡寂寞的余生？也许"埋香一抔土"对她们来说已然是最好的结局。

人间自是有情痴：马湘兰等一人终老

马湘兰，本名马守真，小字玄儿，又字月娇，号湘兰，秦淮八艳之一。她在家中排行老四，所以人们都称呼她为"四娘"。马湘兰擅长画兰，所以又号"湘兰子"。王稚登在《马姬传》中讲述了马湘兰的知名度："无论宫掖戚畹、王公贵人、边城戍士、贩夫厮养，卒虽乌丸屠各、番君貊长之属，无不知马湘兰者。"名气越来越大的马湘兰引得其他歌姬的嫉妒，但是等见到她本人又会被她的风姿折服："高情逸韵，濯濯如春柳早莺，吐辞流盼，巧伺人意，人人皆自顾弗若也。"

一次，马湘兰被牵涉一件官司中，斥巨资从中斡旋都没有解决。正当她披头散发、哭得双眼红肿之时，王稚登走入她家中。从此，开始了他们羁绊的半生。

王稚登，明朝中晚期的文学家和书法家。钱谦益在《列朝诗集》中评价王稚登："名满吴会间，妙于书及篆、隶。闽粤之人过吴门者，虽贾胡穷子，必踵门求一见，乞其片缣尺素然后去。"

王稚登从中调停，救马湘兰于危险之中。马湘兰对王稚登既是感动又是喜欢，感叹："王家郎有心人哉！"她想嫁给王稚登，王稚登却婉言谢绝了，他说："念我无人爬背痒，意良厚；然我乞一丸茅山道士药，岂欲自得姝丽哉！脱人之厄而因以为利，去厄之者几何？古押衙而在，匕首不陷余胸乎？"意思是，我感激你想要照顾我的心意，但是我专心修道，没有想要得姝丽的想法。我救你脱险境却因此获利，这和送你入险境的人有什么区别？古代的侠义之士如果知道，那岂不是要拿匕首捅我的胸口吗？

马湘兰极其聪明，听出了王稚登的言外之意。王稚登根本不愿意娶她，这些冠冕堂皇的理由只不过是借口罢了。自此，马湘兰再也不提要嫁给王稚登的

秋花蝴蝶图　明　文俶

想法，但是"寸肠绸缪，固结不解"，这种爱而不得的滋味大概只有品咂过此种痛苦的人才能知晓。至此，王稚登和马湘兰结下深厚的情谊，开始长达几十年的书信往来。

马湘兰也曾遇到过钟情于自己的少年。有一乌江少年倾慕马湘兰已久，留在她的家中不走。遇到门外有大声催债之人，少年立马为马湘兰出钱三百缗，将这些人呵斥走。马湘兰本有侠气，看到少年亦有侠气，对少年十分欣赏。少年想要和马湘兰成伉俪之好，为她买名贵的首饰，买宅子，花费了不少金钱。而马湘兰负责吃穿用度，花费与少年大致相当。这时的马湘兰五十岁，而少年才二十多岁，但是少年丝毫不觉得马湘兰老，想娶马湘兰的心意愈加坚定。马湘兰笑着说："我门前车马如此，嫁商人且不堪，外闻我以私卿犹卖珠儿，绝倒不已。宁有半百青楼人，才执箕帚作新妇耶？"马湘兰说自己这样的人，嫁商人都感觉不堪，外人要是知道我和你这么年少的人交好，就像馆陶公主与董偃那样，那吐沫星子还不把自己淹死。哪有半百青楼人做新妇的道理？少年听马湘兰没有此意，怏怏而去。少年对马湘兰，也可谓真心一片了。只可惜，两人年龄相差太悬殊。

马湘兰如此挥霍，被强盗得知后，误以为她家积钱货如山，于是入室抢劫，"尽斩书画玩好，投池水中"。马湘兰则因此次洗劫变得贫穷。后来，盗贼被抓捕，搜出他们在马湘兰家中所抢劫的"负子钱家券累累"，人们才知道马湘兰本来就没有什么值钱的东西，轻财好义的马湘兰由是侠气日甚。

马湘兰留守青楼，心心念念的仍是王稚登。她与王稚登有"吴门烟月之期"，等到王稚登七十岁的时候，马湘兰为王稚登办了一场盛大的庆祝宴：

姬买楼船，载婵娟，十十五五，客余飞絮园，置酒为寿。绝缨投辖，履舄缤纷满四座，两夜歌舞达旦，残脂剩粉，香溢锦帆。泾水弥，月氤氲，盖自夫差以来，龙舟水殿，弦管绮罗，埋没斜阳荒草间，不图千载而后，仿佛苎萝仙子之精灵，鸾笙凤吹，从云中下来游故都，笑倚东窗白玉床也。吴儿啧啧夸美，盛事倾动一时。

马湘兰买了一艘楼船，载着许多歌女到苏州来。他们一起来到王稚登所居住的飞絮园，为他置酒做寿。纵情欢饮，歌舞达旦，宾朋满座，这样的热闹自吴王夫差后千载没有出现。苏州的人都对此事大为称赞，盛事一时轰动，这极大地满足了王稚登的虚荣心。

马湘兰临走时，王稚登"扶病登舟送之"。这么多年的老友，这么多年的意难平，而今短暂欢聚，又要分别了。山高水长，不知能否再相见。马湘兰握着手悲号，她身边的人也感受到悲凉的气愤，潸然泪下。王稚登也双泪龙钟，泪染双袖。谁也没想到，这一别，竟成永诀。

这时的马湘兰虽然已经五十七岁，容貌不胜往昔，但是风情意气如故。"唇膏面药，香泽不去手，鬓发如云，犹然委地。"王稚登还开玩笑说："卿鸡皮三少若夏姬，惜余不能为申公巫臣耳！"夏姬是春秋时代的美女，夏姬之美有"杀三夫一君一子，亡一国两卿"之称，四十多岁时最终归于申公巫臣。这一玩笑，戳中的便是马湘兰几十年的心事。

回到金陵后的马湘兰一病不起，已经奉佛茹素七年的她预感自己大限将至，"召比丘礼梁武忏，焚旃檀龙脑，设桑门伊蒲之馔，令小娟掖而行，绕猊座胡跪膜拜，连数昼夜不止。趣使治木狸首，具矣，然后就汤沐，袼服中裙，悉用布"。在神圣的佛教仪式中，她"坐良久，暝然而化"。

王稚登得知马湘兰离世的消息后悲痛不已，他与马湘兰两心相悦，但终难摆脱世俗的枷锁，一对有情人半生痴缠，却难以携手。王稚登悲痛地写下一首《马湘兰挽歌词》来悼念马湘兰：

歌舞当年第一流，姓名赢得满青楼。

多情未了身先死，化作芙蓉也并头。

马湘兰于秦淮金粉中超脱，洗尽铅华，华囊盛秽，弃之如敝屣，如空谷幽兰，却唯独看不破情字。也许她赴苏州之约后，连情字也超脱了。她最终暝然坐化，"此高僧道者功行积岁所不能致"。此情可待成追忆，只是当时已惘然。马湘兰用情至深至纯，实在令人感佩。

从名妓到一品夫人：横波夫人顾眉

顾眉，本名顾媚，字眉生，别字后生，号横波，后改姓徐，秦淮八艳之一。她与同时期的秦淮名妓一样，色艺双绝。所不同的是，清军入关后，她接受了朝廷的诰封，被封为一品夫人。命运发生如此大的转变是很多人始料未及的，这一切，都得从她在所倚生的眉楼生活说起。

余怀《板桥杂记》记载，顾眉"庄妍雅靓，风度超群，鬓发如云，桃花满面，弓弯纤小，腰肢轻亚，通文史，善画兰，追步马守真，而姿容胜之，时人推为南曲第一"。她居住的眉楼相当有格调，"绮窗绣帘，牙签玉轴，堆列几案，瑶琴锦瑟，陈设左右，香烟缭绕，檐马丁当"。所以余怀曾戏称："此非眉楼，乃迷楼也。"于是人们都称眉楼为迷楼。方苞在《石斋黄公逸事》中更是称赞："顾氏，国色也，聪慧通书史，抚节安歌，见者莫不心醉。"

当时，"江南侈靡，文酒之宴，红妆与乌巾紫裘相间，座无眉娘不乐。""座无眉娘不乐"不仅因为顾眉有倾城的容貌，更因她多才多艺，在一众男子间任意挥洒才情，高谈阔论。明末清初范文光在《望江东·赠金陵顾姬》一词中说：

作眉如作兰与字，笔影偏饶香味。

多材多趣兼多艺，十载江南名士。

到门词客俱怀刺，宛与良朋相似。

图书钟鼎俱环伺，难记起风流事。

顾眉画兰往往一蹴而就，挥毫立成。与江南名士以朋友相交，高谈阔论，有才有趣。再加上她擅长音律，被推为南曲第一，又通文史，种种才艺融汇到一位美貌女子身上，这足以令天下名士倾倒。

冒辟疆《同人集》的一封书信记载，陈则梁想见一见顾眉，但是担心顾眉不肯赏脸，所以邀与顾眉熟识的冒辟疆从中说和。他说："眉兄有风人之致，可与角饮，当为申报，一豆之举，于监试之后，不识即可借重威灵，邀至之否，容面图之。"

如果人人都像陈则梁这样有礼有节，就不会发生险些让顾眉折辱的"伧父之难"，那么顾眉也不会早早隐退。正如余怀所说，顾眉"然艳之者虽多，妒之者亦不少"。浙东一伧父和一个词客争夺顾眉的欣赏。伧父与江右某孝廉合谋，借着酒劲在眉楼大骂，并闹到官府。他们诬告宴席上有偷盗金犀酒器的人，意在羞辱顾眉，让她名声扫地。幸得余怀写檄文大骂伧父，被伧父叔叔南少司马知道后，"斥伧父东归"，这件官司才算告一段落。

顾眉很感激为她打抱不平的余怀，在桐城方瞿庵堂中，她登台演出为余怀祝寿。在当时，"名妓仙娃，深以登场演剧为耻"。而顾眉为报答对余怀的感激之情，情愿粉墨登场。

但是似乎"伧父之难"的余波还在不断侵袭顾眉。陈则梁写信给冒辟疆说："眉兄今日画扇有一字，我力劝彼出风尘，寻道伴，为结果计。辟疆想见，亦以此语劝之。邀眉可解彼怒，当面禁此后弗出，以消彼招致之心，何如？"顾眉的好友们纷纷劝她出风尘，以免以后再招伧父之祸。

此时的顾眉"诚以惊弓之鸟，遽为透网之鳞也"，的确也该好好考虑自己的前途。陈圆圆、董小宛被掳掠的祸事在前，秦淮河美女更是人人自危。此时明朝已经呈风雨飘摇之势，她所倚身的眉楼又能撑到几时呢？她自诩安逸的生活能否再次经得住怆父的打击？年老色衰后，她又该何去何从？

顾眉考虑再三，选择一人作为她终生的倚靠，那便是江左三大家之一的龚鼎孳。龚鼎孳出身官宦之家，从小接受良好的教育。祖父"手授经书，亲加课督，不午夜不就寝"，之后更是奋发努力，勤学不辍，未及弱冠就考中进士。年少有为、素有才名、家世优渥的龚鼎孳对顾眉来说的确是不错的选择。

顾眉和龚鼎孳相识的时间，有两种说法。

一种是相识于崇祯十三年（1640年），清代陆以湉所撰的《冷庐杂识》记载：

> 程春庐京丞，博雅嗜古，所蓄书画甚多。余尝于其侄银湾参军世樾处，见顾横波小像一幅，风姿嫣然，呼之欲出。上幅右方款二行云："崇祯己卯七夕后二日写于眉楼。玉樵生王朴。"左方诗二首云：
>
> "腰妒杨枝发妒云，断魂莺语夜深闻。秦楼应被东风误，未遣罗敷嫁使君。淮南龚鼎孳题。"
>
> "识尽飘零苦，而今始得家。灯煤知妾喜，特著两头花。庚辰正月廿三日灯下眉生顾媚书。"

但是这种说法被很多学者否定了。一方面，崇祯十三年（1640年），龚鼎孳此时正在蕲水上任，且诗中表现出顾眉要嫁给龚鼎孳的意思，若有此意，顾眉应该不会在崇祯十三年以后再出入风尘中。

另一种说法是，龚顾二人初相见于崇祯十五年（1642年）。龚鼎孳南下路过南京，初登眉楼，写下了《登楼曲》：

晓窗染研注花名，淡扫胭脂玉案清。

画黛练裙都不屑，绣帘开处一书生。

在龚鼎孳眼中，顾眉是与众不同的，淡扫蛾眉，清新脱俗，不像是沦落风尘的歌女，更像是一个娟娟秀美的书生。

崇祯十六年（1643年），龚鼎孳正式纳顾眉为妾。顾眉自此改姓徐，字智珠，号横波，龚鼎孳称她为"善持"。然而他们的幸福日子没过多久，龚鼎孳就被崇祯帝下狱。顾眉此时展现出一个妻子的体贴和温暖，亲自去狱中探望，为丈夫送去衣被与温情，令龚鼎孳大为感动。到十一月初三顾眉生辰时，尚在狱中的龚鼎孳深情地写下《生辰曲》：

琉璃为筐贮冰霜，谏草琳琅粉泽香。

哭泣牛衣儿女态，独将慷慨对玉章。

崇祯十七年（1644年），获释出狱的龚鼎孳写道，"料地老天荒，比翼难别"。在他眼中，顾眉不仅是生活中亲密的爱人，更是精神上相契的知己。余怀《板桥杂记》记载："尚书雄豪盖代，视金玉如泥沙粪土，得眉娘佐之，益轻财，好怜才下士，名誉盛于往时。"

李自成进京后，龚鼎孳和顾眉曾携手赴死，但是被人救了。清代严正矩《大宗伯龚端毅公传》记载："寇陷都城，公阖门投井，为居民救苏。寇胁从不屈，夹拷惨毒，胫骨俱折，未遂南归。"后来，龚鼎孳投降了大顺政权，他自己辩说："我原欲死，奈小妾不肯何？"这一句话，将顾眉也送上了风口浪尖。

清军入关后，龚鼎孳被清廷征召官复原职，龚鼎孳辞官不就，但不被允许。作为名流，龚鼎孳先事明朝，次投闯王，再降清朝，深为世人所不齿。面对着国破家亡、被异族奴役的痛苦以及铺天盖地的舆论压力，龚鼎孳经受着难以言说的煎熬。他写信给吴梅村时痛心疾首地说："运移癸甲，大栋渐倾，妾以狂愚，奋身刀俎，甫离狱户，顿见沧桑，续命蛟宫，偷延视息，堕阮落堑，为世惭人！"顾眉作为龚鼎孳的知心伴侣，一直陪伴在他的身边。

龚鼎孳对顾眉展现出十足的柔情和包容。他们二人一直没有孩子，顾眉"雕异香木为男，四肢俱动"，就把这么一个木头人让乳母开怀哺乳，让全家上下称呼这个小木头人为"小相公"。这是多么离谱的事，但龚鼎孳却没有阻挠这种行为，大概他能体会顾眉求子心切的心情吧。

顾眉是爱猫之人，钮琇《觚賸》记载，顾眉养的一只猫叫乌员，"日于花栏绣榻间徘徊，抚玩珍重之意，踰于掌珠。饲以精餐嘉鱼"。一天，猫咪"过餍而毙"，顾眉"惋悒累日，至为辍膳"。顾眉的猫死了，她茶不思，饭不想。而一向心疼顾眉的龚鼎孳，竟然"特以沉香斲棺瘗之，延十二女僧，建道场三昼夜"，为顾眉心爱的猫超度。

对待顾眉，龚鼎孳从来不吝惜钱财。清代《秋灯丛话》记载，顾眉看到朱彝尊词"风急也，潇潇雨；风定也，潇潇雨"，认为他有高才，"倾奁以千金赠之"。顾眉如此大手笔，自然离不开她在婚姻中的自主与自信，离不开在背后默默支持她的龚鼎孳。

虽然他们夫妇二人投降了清廷，但是他们对故国还是充满了眷恋。顺治帝批评龚鼎孳："若事系满洲，则同满议附会重律。事涉汉人，则多出两议，曲引宽条。果系公忠为国，岂肯如此。"在暗中，龚顾夫妇二人也帮

红叶题诗仕女图　明　唐寅

助了不少忠于明朝的人。

龚鼎孳降清后，妻子童氏十分有气节，她极力反对龚鼎孳到京城入职，自己不愿意随行，清廷封的诰命，童氏不接受，她说自己已经接受了明朝的诰命。就这样，顾眉接受了清廷的诰命，成为"一品夫人"。

许多人都拿顾眉与柳如是作比较。的确，她们二人同为名妓，又都有男儿气，与士大夫如朋友般交往。且都嫁给了当时的名流，她们二人的丈夫又都属江左三大家。她们的丈夫又都气节有亏，投降清廷。面对这样的情形，柳如是更有气节，拒绝随钱谦益赴任，而顾眉却常伴龚鼎孳左右。在气节上，顾眉的确输柳如是一筹。就连曾经帮助顾眉与顾眉交好的余怀也不无讽刺地说：

> 后龚竟以顾为亚妻。元配童氏，明两封孺人，龚入仕本朝，历官大宗伯，童夫人高尚，居合肥，不肯随宦京师，且曰："我经两受明封，以后本朝恩典，让顾太太可也。"顾遂专宠受封。呜呼！童夫人贤节过须眉男子多矣！

童夫人如此，言下之意，褒贬立现，但是我们也不能过于苛责顾眉。作为风尘女子，顾眉在风雨飘摇的乱世寻得一倚靠实属难得。

第十一章

道是无情却有情：
世态与人情的两副面孔

"怨妇"黄峨的思念注脚：一方素帕寄相思

正德十六年（1521年）四月，明武宗朱厚照驾崩。摆在满朝大臣面前一个难题：武宗无子，到底该迎立谁来当皇帝。内阁首辅杨廷和根据《皇明祖训》"兄终弟及"条，请立兴献王之子朱厚熜继承大统。

就这样，朱厚熜登基为帝，庙号明世宗，年号"嘉靖"。嘉靖帝继位刚六天，便和大臣讨论自己的父亲兴献王朱祐杬的主祀和封号。杨廷和认为，嘉靖帝应以武宗为皇兄，以武宗之父明孝宗为皇考。因此，嘉靖帝只能尊自己的亲生父母为皇叔父、皇叔母。考虑到兴献王没后的问题，大臣们还建议将益王的儿子朱崇仁过继给兴献王。但是嘉靖帝不同意，他说："父母可更易若是耶！"杨廷和等大臣力谏嘉靖帝从大局出发，嘉靖帝却坚持以孝为先，双方僵持不下，开启了长达三年的"大礼议"之争。

杨廷和的儿子杨慎积极地参与了大礼议之争，他和自己的父亲所持一样的观点。《明史》记载："嘉靖三年，帝纳桂萼、张璁言，召为翰林学士。慎偕同列三十六人上言：'臣等与萼辈学术不同，议论亦异。臣等所执者，程颐、朱熹之说也。萼等所执者，冷褒、段犹之余也。今陛下既超擢萼辈，不以臣等言为是，臣等不能与同列，愿赐罢斥。'"杨慎所持程颐、朱熹之说，请求不听劝的嘉靖帝罢免他们。嘉靖帝大怒，对他们做罚俸处罚。

嘉靖三年（1524年）七月，杨慎又和其他官员再次上书，他说："国家养士百五十年，仗节死义，正在今日！"纠集的二百多个官员跪在左顺门外，大呼亦

桂菊山禽图　明　吕纪

大哭，嘉靖帝在文华殿中听到一片哭声，十分恼怒，将为首的张翀等八人下狱。杨慎、王元正等撼门大哭，气得嘉靖帝命人将这些官员的名字全部记下来，等秋后算账。没过多久，参与其中的官员都得到了不同程度的处罚，四品以上夺俸，五品以下廷杖，其中有十多人被打死，杨慎更是被杖责几近死去，还被罚去云南戍边。

　　嘉靖帝的这一决定，拆散了一对有情的鸳鸯——杨慎和黄峨。杨慎，字用修，号升庵，是大才子。其父是大学士杨廷和，其师是"文坛七子"首领李东阳。那首耳熟能详的《临江仙》便出自杨慎的笔下：

　　滚滚长江东逝水，浪花淘尽英雄。是非成败转头空。青山依旧在，几度夕阳红。
　　白发渔樵江渚上，惯看秋月春风。一壶浊酒喜相逢。古今多少事，都付笑谈中。

　　杨慎的科举之路走得异常顺利：乡试第三，会试第二，殿试第一，风头一时无两。而且杨慎"不避斧钺，敢于犯颜直谏"，可谓封建士大夫的典范。

　　那么，能成为如此优秀的人的妻子是什么样的人呢？

　　杨慎的妻子黄峨，字秀眉，出身于书香门第的官宦世家，与卓文君、薛涛、花蕊夫人并称蜀中四大才女，家中长辈都将她比作东汉的班昭。黄峨十二岁时写了一首《闺中即事》，才名远播：

　　金钗笑刺红窗纸，引入梅花一线香。
　　蝼蚁也怜春色早，倒拖花瓣上东墙。

　　少女时期的黄峨感慨"二八时，娉婷未嫁，欲散流霞，只落得梦魂牵挂"，她对大才子杨慎充满了倾慕，但是杨慎年长黄峨十岁，早已有了家室。待字闺中的黄峨还要继续苦苦寻觅佳婿。

正德十二年（1517年），杨慎的夫人王氏病故。次年，杨慎打听黄峨还未定亲，就想要娶才女黄峨做自己的妻子。这也算是双向奔赴了。黄峨新婚不久，写下了一首《庭榴》：

> 移来西域种多奇，槛外绯花掩映时。
> 不为秋深能结实，肯于夏半烂生姿！
> 番嫌桃李开何早，独秉灵根放故迟。
> 朵朵如霞明照眼，晚凉相对更相宜。

石榴有多子的意思，黄峨借石榴花来抒发自己对杨慎的一腔热情以及婚后生活的惬意。

怎奈好景不长，"左顺门事件"发生后，黄峨大为震撼和愤怒，她坚持要和丈夫同生共死。黄峨亲自照料和护送丈夫到达湖北江陵，杨慎不愿意妻子再跟着自己受苦，坚持自己只身去云南。二人无奈分别，杨慎写下了感人肺腑的《临江仙·戍云南，江陵别内》：

> 楚塞巴山横渡口，行人莫上江楼。征骖去棹两悠悠。相看临远水，独自上孤舟。
> 却羡多情沙上鸟，双飞双宿河洲。今宵明月为谁留。团团清影好，偏照别离愁。

黄峨在归蜀的路上，难掩相思的情绪，难抑悲痛的离愁，写下《罗江怨》四首，其中一首是这样的：

> 空庭月影斜，东方亮也。金鸡惊散枕边蝶。长亭十里，阳关三叠，相思相见何年月？泪流襟上血，愁穿心上结，鸳鸯被冷雕鞍热。

从此以后，不知何时才能相见，难挨的思念在无尽的岁月中持续燃烧着，炙烤着离人的心。他们只能通过书信传递对彼此的思念。

回到四川，黄峨教育子侄，侍奉公婆，代杨慎料理好家庭的事情。但是再忙碌，也阻隔不断黄峨对丈夫的思念。

嘉靖五年（1526年），杨廷和病重，杨慎回家探望父亲。这一次，黄峨陪同丈夫返回云南一起生活了三年。虽然在边陲生活艰苦，但他们的日子过得有声有色。"休教眉黛扫蛮烟，同上高楼望远天"，这样的相知相守的日子成为他们人生中的吉光片羽。

嘉靖八年（1529年），杨廷和病故。料理完父亲的后事，杨慎再次踏上前往云南的路途。黄峨则留在四川照顾家庭。二人再次天各一方，他们夫妻再次开启漫长的思念和书信频传。

> 雁飞曾不度[1]衡阳，锦字何由寄永昌？
> 三朝花柳妾薄命，六诏风烟君断肠。
> 日归日归愁岁暮，其雨其雨怨朝阳。
> 相闻空有刀环约，何日金鸡下夜郎。

据说，有一次，黄峨给杨慎寄去一方素帕，不著一字。杨慎反复揣摩，最终了悟了妻子的意思，于是提笔写下一首《素帕》诗：

> 不写情词不写诗，一方素帕寄心知。
> 心知拿了颠倒看，横也丝来竖也丝。

---

①度：一作"到"。

杨慎回到云南后，开始著书立说。《明史》记载："慎幼警敏，十一岁能诗。十二拟作古战场文、过秦论，长老惊异……明世记诵之博，著作之富，推慎为第一。诗文外，杂著至一百余种，并行于世。"嘉靖帝并未忘记杨慎，《乐府纪闻》记载，嘉靖帝经常询问杨慎的情况，生怕他过得太好。但是官员都同情杨慎，以"老病"回应嘉靖帝。其实杨慎"暇时红粉傅面，作双丫髻插花，令诸妓扶觞游行，了不为愧"，过得放浪形骸，没有嘉靖帝想得那么糟糕。

嘉靖帝执政期间，曾多次大赦天下，但是杨慎却未能享受应有的礼遇，直到嘉靖三十七年（1558年），杨慎七十岁按例"归休"才返乡。但是嘉靖帝还"惦记"着他，让他再次回云南。年逾古稀的杨慎神色黯然地写下一首《六月十四日病中感怀》：

> 七十余生已白头，明明律例许归休。
> 归休已作巴江叟，重到翻为滇海囚。
> 迁谪本非明主意，网罗巧中细人谋。
> 故园先陇痴儿女，泉下伤心也泪流。

此诗读之令人潸然泪下。嘉靖三十八年（1559年），杨慎于一破败古庙内溘然长逝，临终前写下《自赞》可谓对自己一生的总结：

> 临利不敢先人，见义不敢后身。
> 谅无补于事业，要不负于君亲。

杨慎在二十岁时，写下"临利不敢先人，见义不敢后身"立定志向。晚年他回顾自己的一生，以此为开头，对自己做了一个总评。即便他被嘉靖帝百般折磨，但他依然坚持士大夫的坚守与真心。

黄峨知道后，不顾自己老迈的身体，千里奔丧。她写下《祭夫文》，长歌当哭，感人肺腑，听者断肠。

黄峨才情不输杨慎，钱谦益《列朝诗集小传》称赞她"闺门肃穆，用修亦敬惮"，杨慎则称赞自己的妻子是"女洙泗、闺邹鲁"。这样的奇女子不应该只是丈夫杨慎的注脚，而应该像李清照一样被注视。

女医谈允贤的传奇人生

在浩瀚的历史长河中，我们耳熟能详的名医有扁鹊、华佗、张仲景、孙思邈、李时珍等，但女医生却寥寥无几。明朝的女医谈允贤，像一颗流星，划过寂静的医学长空，弥补了医学史上妇科疾病记录的不足。

谈允贤，生于明朝天顺五年（1461年），卒于嘉靖三十五年（1556年）。根据《女医杂言·自序》的记载，谈允贤出生于一个书香门第的医药世家，家族在无锡当地很有名望：

> 自曾大父赠文林郎南京湖广监察御史府君，赘同里世医黄遇仙所，大父封奉政大夫、南京刑部郎中府君，遂兼以医鸣。既而伯户部主事府君、承事府君，父莱州郡守、进阶亚中大夫府君，后先以甲科显，医用弗传。亚中府君先在刑曹，尝迎奉政府君暨大母太宜人茹就养。

谈允贤的曾太公"赘同里世医黄遇仙所"，这是谈家与医学关系的开始。祖父继承家学，以医闻名，祖母也通晓医术。谈允贤的伯父谈经，官至户部主事，父亲谈纲官至南京刑部主事。父辈入仕使得谈家"医用弗传"。

谈允贤自小被养在祖父母身边。父亲命谈允贤"歌五七言诗，及诵女教、孝经等篇"。祖父大喜，认为谈允贤或许可以继承衣钵，认为她不应该像寻常女

杏花孔雀图　明　吕纪

子那样拘禁在女红中，应该学习医术。谈允贤记得这话，但是当时却不能了悟祖父安排的用意。

谈允贤学医十分刻苦，"读《难经》《脉诀》等书，昼夜不辍"。她一有时间，就请祖母给自己讲医学书中的内容，那时的她好多知识都了悟了，但是并没有实践的机会。

谈允贤出嫁后，"连得血气等疾。凡医来，必先自疹（诊）视，以验其言。药至亦必手自拣择，斟酌可用与否。后生三女一子，皆在病中，不以他医用药，但请太宜人手自调剂而已"。意思是，谈允贤生病后，先自己诊断，再听医生是怎么说的，以验证自己的诊断是否正确。自己亲自抓药，斟酌可不可用。她生三女一子时，都病了，都是由祖母为她调制药物。她将自己生病视作研习医术的好机会。

祖母离世前，将其所积累的医书、药方、药具等传授给谈允贤。谈允贤接过这份重重的礼物，"感泣过哀，因病淹淹七逾月"。祖母的离世对谈允贤打击很大，谈允贤的母亲都已经悄悄地为她准备了后事。

有一天，谈允贤在昏迷中梦见祖母对她说："汝病不死，方在某书几卷中。依法治之，不日可愈。汝寿七十有三，行当大吾术，以济人宜母。"谈允贤从梦中惊醒，强行爬起来依照梦中所说检方调治，果然痊愈了。

此后，谈允贤开始行医。一些女子不愿意让男大夫医治，都来谈允贤这里看病，往往获得奇效。她也时刻牢记祖母的嘱托：光大医术，行医救人。

谈允贤年逾五十，想起祖母梦中告诉她自己的寿命有七十三岁的事情，有感光阴越来越少的她开始将自己从祖母那里所学以及自己在实践中所掌握的医理写成《女医杂言》，以便帮助更多的人。《女医杂言》由谈允贤的儿子杨濂笔录，于正德六年（1511 年）刊印出版。

侄孙谈修重刻《女医杂言》时在跋语中说："祖姑杨孺人，以女医名邑中，寿终九十有六。生平治人不可以数计。余在龆龀①，目睹其疗妇人病，应手如脱，不称女中卢扁哉？"谈允贤的丈夫姓杨，杨孺人即谈允贤。

"生平治人不可以数计"的谈允贤，不仅医术高超，还有高尚的医德。在明朝，师婆、药婆等三姑六婆地位很低，风评也不好，而谈允贤家境殷实，本可以不用抛头露面，但是她为了医治病人，并不在乎这些。

《女医杂言》所记载的病症多为妇科疾病，碍于男女大防，妇科病一直是医学难题。明朝医学家龚廷贤在《万病回春》中说，有些女子不好意思说病情，医生通过察言观色、脉诊等诊断，很难切中要害，对症下药。而谈允贤身为女子，更方便接触妇人，以便对症下药。

明朝宫廷《皇明祖训·内令》规定："凡宫中遇有疾病，不许唤医入内，止是说证取药。"就算是皇宫里有妃子生病都不允许医师进入，只让妃子说明自己的症状反馈给太医院取药。由此可见，明朝的女子想要看病，需要鼓起多么大的勇气，突破多么大的难关。

明人朱恩说："余闻医家之说有曰：宁医十男子，不医一妇人。其所以苦于医。妇人者，非徒内外相隔，亦由性气不同之故也。唯妇人医妇人，则己之性气，度人之性气，犹兵家所谓以夷攻夷，而无不克者矣。"女子更了解女子的性气，由女医来医治女患者有天然的优势。同时，谈允贤也会以女性的身份，帮助患者做一些心理疏导，给予她们亲切的关怀。

医者仁心。明人茹銮评价谈允贤："夫医在丈夫，称良甚难，孺人精书审脉，投药辄应，女妇多赖保全，又能为书以图不朽，活人之心殆过男子。"他称赞谈允贤救治很多女子，悬壶济世的功劳超过男子，可谓很高的评价了。

人活着，不能只想着一日三餐，以高度的责任感思考自己到底能做些什么。个人的力量也许有限，但是敢于执着地前行，就能贡献出自己的一份力。

①龆龀：垂髫换齿之时，指童年，借指孩童。龆，同"髫"。

不是人间富贵花：长平公主的愁云惨淡

公主贵为金枝玉叶，享受着尊贵的荣宠，然而末代公主的结局往往很凄凉，令人不胜叹息。崇祯帝的爱女长平公主朱媺娖便是如此。

《明史》记载，长平公主长到十六岁的时候，崇祯帝为其挑选了周显为驸马。在准备大婚的时候，因为匪寇作乱而暂停。等到皇宫陷落，崇祯帝入寿宁宫，长平公主牵着崇祯帝的衣服哭。崇祯帝说："汝何故生我家！"然后挥起剑砍了长平公主，断其左臂。宁使其以身殉国，也不可被贼寇所俘。崇祯帝又到昭仁殿砍杀昭仁公主。不料长平公主只是昏迷，后来便醒了。

大清顺治二年（1645 年），长平公主上书说："九死臣妾，跼蹐高天，愿髡缁空王，稍申罔极。"长平公主上书顺治帝，说罪妾每天都焦虑不安，想要剃发出家。但是顺治帝没有答应。顺治帝命周显娶长平公主，还赏赐给长平公主很多房子、钱财、车马、土地等。长平公主经常郁闷不乐、啼哭。没过几年就病逝了，清朝赏赐她葬身于广宁门外。

比起妹妹昭仁公主六岁去世，长平公主似乎是幸运的，得以保全性命。但谁说活着不是另外一种痛苦呢？国破家亡，愁云惨淡，在这一孤女的身上留下了彻骨的创痛。即便大清为了显示自己优待明朝皇室，善待长平公主，但身为旧廷的公主，又怎能忘记一些伤痛苟活于新朝呢？金银财宝都不是她想要的，她想要的不过是父母健在，她可以承欢膝下。

长平公主在人世间的最后一抹亮色大概是驸马周显带给她的。清代张宸《长平公主诔》记载，甲申年（1644 年）春，崇祯帝在为长平公主选驸马时，有两个姓周的人入选，一个是都尉君，另外一个周君"内臣纠家教失谨"，都尉身边的人都高兴地说："贵人！贵人！是无疑矣。"

顺治二年（1645 年），清廷征召周显，周显应诏。当时还有一个姓张的市人子看重荣华富贵，冒名前来应诏。内廷见两人都称自己是周显，于是给他们笔札，让他们写清楚自己的身世。冒名的这个人写"祖若父皆市侩"，被人呵斥而去，骂他："皇帝的女儿能配屠沽的儿子？"而周显"书父太仆公，祖仪部公，高曾以下皆簪缨"。清廷确认了周显的身份，给予周显丰厚的封赏，让他和公主成婚。

同样的公主与驸马，但周遭的一切都已经改变，国破山河在，可以想见当时公主与驸马心中的物是人非之感就像当初崇祯帝举起的剑一样能击穿人的心肝肺腑。好在，斗转星移，他们还能依偎在一起，做彼此的依靠。

公主和驸马婚后生活非常和谐，"公主喜诗文，善针饪，视都尉君加礼"。公主喜欢诗文，擅长女红和烹饪，和驸马相敬如宾。在人前，公主尚能强颜欢笑；在人后，她经常啼哭不止，呼唤皇父皇母，"泣尽继以血，是以坐羸疾，怀娠五月，于丙辰八月十八日薨"。弱不胜悲的她年仅十七岁就香消玉殒。也许对于她来说，终于解脱了吧。

民间对长平公主甚是怀念，编造了许多故事来"帮助"长平公主完成复仇的大计。比如说长平公主在明亡后出家，成为独臂神尼，收养了很多徒弟，其中一个叫吕四娘。吕四娘刺杀了雍正，相当于替长平公主报了仇。虽然是无稽之谈，但百姓心中对长平公主的喜爱和眷恋由此窥见一斑。

谁说后宫无温蔼：明英宗与钱皇后教科书式的爱情

一入宫门深似海，最是无情帝王家。然而明英宗和钱皇后却谱写了一曲帝后爱情的佳话。他们之间不是轰轰烈烈的爱恨纠葛，而是艰难岁月的相濡以沫，不离不弃。

钱皇后出身于靖难功臣的家族，比英宗大一岁。她的一生可以用一个"贤"字概括。英宗想要封赏钱皇后的娘家，但是钱皇后几次推却。《明史》记载：

"故后家独无封。"可见，在明朝，只有钱皇后家"独无封"。

钱皇后本可以享受皇后的荣耀和荣宠，岂料好景不长。英宗御驾亲征，在土木堡一役中被也先俘虏。钱皇后在英宗出事后，"倾中宫赀佐迎驾"，将自己的珠宝首饰全部拿出来变卖筹钱以期迎回英宗。而且她担心英宗的安危，没日没夜地跪着为英宗祈福。"夜哀泣吁天，倦即卧地，损一股。以哭泣复损一目"，钱皇后的一条腿残疾了，一只眼睛瞎了，可见钱皇后对英宗的感情多么诚挚。

几经周折，最终，英宗被迎了回来。但是却被囚禁南宫，其间，他的生活过得极为艰苦。《明史》记载：

> 于时八月，上皇北狩且一年矣。也先见中国无衅，滋欲乞和，使者频至，请归上皇。大臣王直等议遣使奉迎，帝不悦曰："朕本不欲登大位，当时见推，实出卿等。"谦从容曰："天位已定，宁复有他，顾理当速奉迎耳。万一彼果怀诈，我有辞矣。"帝顾而改容曰："从汝，从汝。"先后遣李实、杨善往，卒奉上皇以归，谦力也。

景泰帝本不愿意将兄长英宗朱祁镇接回来，所谓国无二君，英宗的身份令景泰帝感到尴尬，还是在于谦的强烈建议下，接回了英宗，将其安置在南宫。英宗在南宫的处境可以想见。

沈德符《万历野获编》记载："闻之老中官，不特室宇湫隘，侍卫寂寥，即膳羞从窦入，亦不时具，并纸笔不多给，虑其与外人通谋议也。"英宗、钱氏等一干人，住得十分简陋，更没有什么人伺候，就连食物也是吃了上顿没下顿的，纸笔也不多给，因为担心英宗和外面沟通。在这种情况下，钱氏对英宗耐心宽慰，"日以针绣出卖，或母家微有所进，以供玉食"。除了偶尔能接受到钱氏娘家的一点儿微薄的帮助外，她还带领其他妃嫔做一些针线活卖钱换取生活费。这样的生活一过就是七年。

林亭清话图之八　明　陈洪绶

夺门之变后，英宗重新登上帝位。钱氏重新做回了皇后，但是钱皇后一直没有为英宗诞下子嗣，英宗担心钱皇后无子，会受到不公正的待遇，他临终前对儿子宪宗嘱托："皇后名位素定，汝当尽孝以终天年。"之后还遗命："钱皇后千秋万岁后，与朕同葬。"

宪宗继位后，他的生母周太后跋扈骄横，在上徽号的时候，授意太监夏时"传谕独尊贵妃为皇太后"。幸亏大学士李贤、彭时据理力争，"乃两宫并尊，而称后为慈懿皇太后"。

钱太后生性冷淡，不喜与人争。成化四年（1468年）六月，忧思成疾的钱太后油尽灯枯，溘然而逝。本该按照英宗的遗旨将钱太后和英宗合葬，但这时宪宗的生母周太后又从中作梗，她不同意将钱太后和英宗合葬，她觉得作为皇帝的亲生母亲，以后葬在英宗身边的应该是她。到底要不要钱太后与英宗合葬，两边的意见僵持不下。大臣彭时想了这样一个办法，"时力请合葬裕陵左，而虚右以待周太后"，将钱太后葬在裕陵左，周太后千秋万岁后葬在裕陵右。"吏部尚书李秉、礼部尚书姚夔集廷臣九十九人议"，都同意了这个决定。宪宗说："卿等言是，顾朕屡请太后未得命。乖礼非孝，违亲亦非孝。"他表示自己也很为难，屡次请旨，周太后都不同意，自己是左右为难，怎么做都显得很不孝。

周太后坚持"于裕陵左右择吉地安葬",为了能将钱太后安葬在英宗旁,"百官伏哭文华门外",宪宗让他们走,他们表示没有圣上允许英宗和钱太后合葬的圣旨他们就不走,"自巳至申,乃得允",百官长跪了四个时辰,周太后才同意让钱太后同葬裕陵。

然而事情并没有结束。"九月合葬裕陵,异隧,距英宗玄堂数丈许,中室之,虚石圹以待周太后,其隧独通,而奉先殿祭,亦不设后主。"意思是,埋葬钱太后的圹穴与埋葬英宗的圹穴不仅离得远,隧道还不通,而给周太后预留的位置,离埋葬英宗的圹穴距离近而且是通着的。并且在奉仙殿没有安设钱太后的牌位,这意味着钱太后在宗庙里没有位置,不能享受后世子孙的祭祀。

钱氏在波诡云谲的政治斗争中,始终坚定地爱着、照顾着自己的英宗,英宗也没有因为钱氏的残疾而褫夺她任何的荣誉,反而对她礼遇有加。即便在英宗弥留之际,也不忘叮嘱太子对钱氏行孝道。英宗做过很多荒唐事,他这个皇帝经历了以往皇帝没有经历过的事情,由皇帝到俘虏到囚犯再到皇帝,钱氏也随着他的起起落落而遭受不同的冷暖辛酸。有这样的经历,想必英宗定是十分珍惜他与钱氏相处的点点滴滴。"曾经沧海难为水,除却巫山不是云",钱氏无子嗣,在母凭子贵的封建社会争不过周太后,但在英宗的心中,钱氏始终是第一位的。所谓情深不寿,弥留之际的钱氏大概也是快乐的,因为她认为在另一世,她又可以陪在深爱的人身边了。